Fluo Feltrinelli

Federica Brunini
Effetto Jane Austen

Prima edizione in "Fluo" giugno 2025
Pubblicato in accordo con Grandi & Associati, Milano

Stampa Grafica Veneta S.p.A. di Trebaseleghe - PD

ISBN 978-88-07-97002-3

FSC
www.fsc.org
MISTO
Carta | A sostegno della gestione forestale responsabile
FSC® C021883

GRAFICA VENETA
GV CARBON NEUTRAL

Questo libro è stampato da Grafica Veneta S.p.A.
con un processo di stampa e rilegatura certificato 100% carbon neutral
in accordo con PAS 2060 BSI

A Maria, a Pierina

May the road rise up to meet you
May the wind be always at your back
May the sun shine warm upon your face
And the rains fall soft upon your fields and until we meet again
May God hold you in the palm of His hand
(benedizione celtica, cattedrale di Winchester)

Che la strada ti venga incontro
Che il vento soffi sempre alle tue spalle
Che la luce del sole scaldi il tuo viso
E la pioggia si riversi leggera sui tuoi campi
Che Dio ti tenga nel palmo della Sua mano
fino a quando ci ritroveremo

1
Day One

La pioggia schiaffeggiò il finestrino con una manata d'acqua che subito si ruppe in gocce, rigandolo.

Amelia infilò la treccia rossa nel cappuccio della felpa, quasi a proteggersi dalla vista dei campi grigi e lividi e dei boschi deformati dal vento, oltre la pista di atterraggio. Sospirò nel bus semideserto, che proseguiva verso il terminal dell'aeroporto incurante del clima, del paesaggio e di lei: era partita stanca e nervosa da Milano e sarebbe arrivata probabilmente esausta a destinazione.

Da quando Sofia le aveva proposto quel reportage, aveva dormito poco e male, all'inizio perché non era certa di volerlo davvero e poi, una volta accettato l'incarico, per via dei sogni, anzi incubi. Le notti l'avevano costretta a svegliarsi in un passato che, negli anni, aveva imparato a dimenticare, o almeno a selezionare: poche immagini in cui lei sorrideva e sorridevano tutti, e tutti stavano insieme riuniti, se non nella stessa stanza, almeno nella stessa casa o nello stesso Paese. Predominava il verde smeraldino dell'erba nelle sue visioni, lei portava i capelli lunghi trattenuti dal cerchietto di velluto o nella coda di pony – erano troppo corti per fare quella di cavallo –, i suoi anni si contavano sulle dita di una mano e la famiglia era intera, così intera che comprendeva pure nonna Amy, la sua *Granny*. Ah, e parlava inglese. Contava in inglese. Disegnava in inglese. Era inglese.

Tastò la tasca dello zaino accanto a sé e l'aprì: Regno Unito e Italia, i suoi due passaporti. Li aveva portati entrambi, lo faceva sempre quando viaggiava da sola, indipendentemente dalla meta. Ed era trascorso tanto, troppo tempo, dall'ultima volta.

Tornò a guardare lo scenario disfatto dalle lacrime di pioggia, sfocato come una fotografia scattata in corsa.

Era in corsa anche lei, finalmente. Non era la gara che avrebbe voluto correre, ma stava correndo. Da qualche parte, oltre quel vetro, c'era un traguardo e lei l'avrebbe tagliato. Si sarebbe portata a casa la sua medaglia, fosse anche di latta, la prima, dopo tredici lunghi anni. Sorrise con un angolo della bocca e accarezzò la pancia dello zaino: dentro c'erano le sue macchine fotografiche, scariche di foto ma cariche di batterie; e c'era un taccuino intonso, ancora avvolto nella pellicola protettiva. Lo estrasse e lo spogliò con un dito, ne scorse le pagine nude, spalancò la prima e quasi la stirò per togliere ogni piega e togliersi ogni dubbio. DAY ONE, scrisse in stampatello.

2
La Mossa

Amelia Maini Moss era tornata. AMM, la sua sigla in fondo agli articoli, sarebbe girata di nuovo tra le riviste, le poche che erano sopravvissute alla svolta digital e social. Era stata l'amica Sofia Dergano a chiamarla: ora che era diventata meritatamente direttrice del settimanale in cui lavorava troppo e da troppo tempo, l'aveva sollecitata a riprendere in mano penna e obiettivi, lusingandola.

"Per la tua scrittura, il tuo sguardo, la lucidità chirurgica con cui tagli le storie e le inquadrature, salvaguardandone il cuore. Questo servizio è perfetto per te," aveva dichiarato per incoraggiarla. "Non mi hai forse detto che avresti voluto un'occasione per ricominciare? Eccola," aveva concluso, dando per scontato il suo sì.

Ribattezzata "la Mossa" dai colleghi per via del suo cognome british, della sua instancabile passione per il viaggio e della velocità con cui realizzava i suoi reportage, AMM era tra le fotogiornaliste italiane più apprezzate. O almeno lo era stata, fino a che aveva scelto di mettere la famiglia prima del lavoro e la casa prima degli aerei. Il trasferimento da Milano alla campagna dell'Oltrepò pavese aveva fatto il resto.

Dopo una carriera in costante ascesa, costellata di pubblicazioni, premi e mostre, aveva via via diradato le collaborazioni e si era limitata a sporadiche e brevi incursioni editoriali, qualche catalogo, un paio di guide e sintetiche recensioni di hotel, più che di viaggi. Da nomade, si era ritrovata semisedentaria: un po' per stanchezza, sicuramente per ansia da prestazione materna, per mancanza di tempo o incapacità di ritagliarlo tra gli impegni casalinghi. O forse era cambiata e si era adattata, ma ogni tanto si chiedeva se non si fosse invece nascosta, cacciando la donna che era stata dietro la moglie-mamma che era diventata, come polvere sotto il tappeto.

E poi c'era stata la festa per celebrare la nomina di Sofia. Vedendo l'amica scintillare tra i calici, gli applausi, le lodi e i sorrisi per la promozione, si era sentita derubata. Scippata di qualcosa che era anche suo, soprattutto suo. Ma cosa?

Più tardi, nella camera del B&B che aveva prenotato per quella serata milanese, Amelia era rimasta a lungo distesa sulla schiena a fissare il soffitto, mentre il vociare del bar di fronte le arrivava a ondate, come il mare. A ogni onda, sentiva le lacrime montarle dietro le palpebre senza straripare, inumidendole appena le ciglia.

Bramava lo sfavillio che aveva pervaso Sofia poche ore prima, quel pulviscolo dorato che era sciamato per la sala del ristorante intorno all'amica. Se lo sentiva addosso e nelle narici, nei capelli, nei polmoni e sulla pelle.

E poi c'era stato l'incontro, anzi lo scontro con Sergio.

"Non è un piacere rivederti," le aveva sibilato, pur stringendole la mano davanti ai presenti in un gesto formale. Le solite apparenze da salvare.

"E io ho il piacere di constatare che sei rimasto lo stesso stronzo di quindici anni fa," aveva replicato lei, divincolandosi dall'uomo che pure aveva amato e che l'aveva iniziata a molte cose, di sicuro alla fotografia.

Poi aveva brindato, chiacchierato, applaudito. Non poteva negare di essersi divertita durante la serata, nonostante Sergio.

Ma ora, in quel letto occasionale dentro la città che era stata sua e che aveva dominato dalle pagine dei suoi quotidiani e dai banchi delle edicole, sentiva di aver perso qualcosa di cui aveva disperatamente bisogno. L'indomani era passata in redazione a trovare Sofia.

"Voglio tornare a lavorare," le aveva confessato. "Hai un reportage per me?"

3

Destination England

Ce l'aveva, Sofia. O meglio, aveva un'idea e quell'idea si adattava perfettamente al desiderio espresso da Amelia.

Tra un anno esatto, si sarebbe celebrato un anniversario letterario importante in Inghilterra: 250 anni dalla nascita di Jane Austen.

"La scrittrice non è mai stata più popolare di così, considerato quanto ancora vende in tutto il mondo, e mai più attuale, a dar retta alle giovanissime booktoker e bookstagrammer," aveva argomentato, animata. "E i suoi luoghi meritano una riscoperta. Tutta l'Inghilterra post Brexit e post Covid la merita, a dire il vero, tanto meglio se lontano da Londra. Mi solletica l'ipotesi di ragionare su letteratura e sentimento, ragione e marketing, orgoglio femminile e pregiudizio maschile, e in generale sul fenomeno Austen, così venerata dopo oltre due secoli. Io stessa da ragazza ho divorato i suoi romanzi. Amelia... non ho idea se l'apprezzi o meno come autrice, ma non puoi non cogliere l'opportunità, tu che sei mezza inglese, di raccontarne non tanto la storia, quanto la percezione, la suggestione..."

Amelia aveva ascoltato l'amica con la divertita rassegnazione con cui talvolta osservava suo figlio Samuel. Lo amava di un amore immisurabile, ma non lo capiva. E lo lasciava fare.

Lasciò fare anche Sofia, prestandole ascolto sopra il piatto di riso al curry che avevano ordinato a pranzo, senza interromperla o sollevare scrupoli. Ma gli scrupoli insorsero comunque, ribelli tra i pensieri: Jane Austen io? Ma no! Non l'ho mai sopportata. Tutta amore, lacrime e svenevolezze romantiche. E quell'idiota di Darcy? Un falso mito, credibile soltanto per poche illuse in cerca di marito. Ma figurati se io posso... È questa l'opportunità che pensa di darmi Sofia?

"Non so se è nelle mie corde, Sofi," ammise con tutta la sua diplomazia e un sospiro davanti al caffè.

"Ma certo che lo è. Capisco, non è una vera avventura, non ti sto chiedendo di andare dall'altra parte del mondo, ma qui servono la tua penna brillante e la tua capacità di analisi, tanto più in un contesto *one-hundred-percent-british*," scandì. "Prendilo come un inizio, un ottimo secondo inizio. E poi ti immagini? I luoghi di Jane! Sai che non aveva nemmeno una stanza sua e scriveva curva e rannicchiata su un tavolino nel salotto, messa alla prova da continue interruzioni e distrazioni? Non è straordinario?"

Amelia non replicò e si trincerò dietro la cerniera di un labile sorriso, prima di concludere che si sarebbe presa qualche giorno per studiare e riflettere.

Così cominciarono i sogni, sogni tanto densi che al risveglio faticava a comprendere quale fosse la realtà, se quella che aveva vissuto nella sua testa posata sul cuscino, o quella che l'aspettava subito dopo essere scesa dal letto.

"Vaneggiavi nel sonno," le fece notare suo marito Matteo, una mattina. "È la prima volta in tanti anni che ti sento blaterare di notte."

"Veramente? E cosa ho detto?"

"Qualcosa in inglese. Forse aveva a che fare con la neve, mi è sembrato che ripetessi white, white."

"White? Era il mio gatto da bambina. So che ho sognato, ma non so bene cosa," rispose spalmando la marmellata sul pane.

E invece lo sapeva. Era a casa della nonna, in campagna. Si era arrampicata sul melo che dominava l'orto, accanto alla staccionata dipinta di bianco, le lenzuola che sventolavano tra le nuvole e il cielo. C'era Martin con lei, il ragazzino che abitava nella fattoria poco più in là, oltre la curva, e Agor, il cane dal muso macchiato di nero che abbaiava e girava intorno al tronco ruvido. Sopra di lei, due rami più in alto, c'era White che la fissava muto e guardingo: lei cercava di convincerlo a scendere e Martin cercava di convincere lei. Alla fine, White era atterrato, salvo e felino, con un lungo balzo, lei invece era rimasta impigliata con la gonna ed era caduta, fratturandosi il polso e una costola.

Quella notte, mentre dormiva accanto a suo marito, aveva sentito le dita calde di Martin sfiorarle il ginocchio, l'odore acre del pelo di Agor, l'aroma del cioccolato fuso con le scaglie di mandorla con cui la nonna l'aveva consolata cingendola tra le sue braccia rassicuranti. *Non è niente, solo un piccolo niente.* Tutt'intorno c'era la campagna. C'era l'Inghilterra.

Sarebbe partita, decise.

4
Oltre le curve

Il bus rallentò la corsa e le lacrime di pioggia si spalmarono in chiazze sul finestrino, mentre un raggio di sole tentava di restituire il colore ai radi ciuffi d'erba ai lati dell'asfalto. È un regalo per me, pensò Amelia, che proprio quel piovoso giorno d'inverno, il 15 dicembre, festeggiava il suo quarantasettesimo compleanno. Era il primo in tredici anni lontano dai suoi due "maschi", Matteo e Samuel.

Caricò lo zaino sulle spalle, recuperò il bagaglio depositato accanto alla porta del bus-navetta e si preparò a scendere. Con l'auto a noleggio, si sarebbe diretta a Steventon, Hampshire, dove avrebbe preso possesso del cottage che la rivista le aveva riservato fino a dopo Natale. Matteo e Samuel l'avrebbero raggiunta per le feste che sarebbero culminate nel Capodanno a Londra, prima di fare ritorno tutti insieme in Italia.

Sì, accettare la proposta di Sofia era stata una buona idea, nonostante lei della Austen avesse letto poco o niente, ne sapesse ancora meno e soprattutto avesse zero voglia di conoscerla. Aveva visto qualche film, quello sì. E scoperto l'inutile quanto improbabile Mr Darcy: l'ennesima versione di un illusorio principe azzurro, o *Prince Charming* per dirla all'inglese.

Lei, ai cavalieri in calzamaglia non ci aveva mai creduto. No, si corresse: lo aveva fatto una volta. E ne aveva pagato le conseguenze così duramente che si era ripromessa di non cedere mai più alla tentazione di pensare che ci fossero un uomo o una donna, da qualche parte, pronti ad amarla per sempre. Non c'erano, non c'erano mai stati. Ci sono solo persone più o meno sincere, più o meno oneste, più o meno generose, più o meno disposte a proteggerti. E se sei fortunata abbastanza da incontrarne una che sa fare lo slalom tra il più e il meno, sorridendo e guardandoti negli occhi, devi essere abbastanza saggia da tenertela. Lei, con Matteo, aveva fatto così.

Intanto aveva smesso di piovere, ma l'orizzonte era rimasto schiacciato sotto un grumo di nubi nerastre. Amelia approdò sulla banchina dell'autonoleggio e aggrinzò il naso come un cane che fiuta la strada verso la tana. Era a casa, una casa che non la poteva accogliere a porte aperte, perché lei le aveva chiuse tutte. E a doppia mandata. Dopo la morte della nonna, aveva rinunciato all'Inghilterra. *Home is where someone is waiting for you*, dove qualcuno ti aspetta, le aveva insegnato, e lì non c'era nessuno ad attenderla, a parte il mito di Jane Austen. E forse la proprietaria del cottage prenotato per lei a Steventon, a poche curve di distanza dalla dimora ormai inesistente della scrittrice.

Si chiamava Whitethorn, biancospino: *White* come il gatto della sua infanzia inglese, *thorn* come la spina che non aveva mai smesso di pungerla da quando, dall'Inghilterra, era stata trapiantata in Italia. Whitethorn sarebbe stata la sua casa lontano da casa. Tra le due, c'erano chilometri, Paesi, anni, vite, storie, foto e ricordi. C'erano volti e mani, parole e odori, corpi e cuori. C'erano i niente che erano diventati tutto, e i tutto che erano diventati niente. E poi lei, Amelia. Quella che era e quella avrebbe potuto essere, chissà.

Fissò le nuvole basse e dense come cotone, le figlie del cielo che cambiano e non muoiono mai, nella poesia di Shelley. "*I change, but I cannot die*," sussurrò il verso preferito della nonna, che se n'era andata di notte. Mentre Amelia sognava.

5
Total White

Il cottage, di bianco, aveva solo il nome. E le cornici di legno intorno alle finestre ritagliate nella facciata di mattoni rossi. Sorgeva al di là di una triade di dossi sui quali la Mini Countryman a noleggio rimbalzò disinvolta.

"È color tundra! Top!" Così Samuel aveva approvato l'auto durante la videocall che li aveva collegati per qualche minuto, lui di ritorno da scuola e prima degli allenamenti di basket e lei alle prese con la guida a sinistra e le indicazioni del navigatore.

"Tundra?" aveva ripetuto Amelia, stupita.

"Sì, stessa tinta del guscio che mi voglio comprare per il fuoripista in montagna, mummia," aveva risposto il ragazzo, giocando con le sillabe di *mum* e mamma, come faceva spesso.

"Un'altra giacca? Sam no, non ti serve."

"Questo lo dici tu che non fai free-ride. E poi è Natale, dai."

"Hai già scelto il tuo regalo!" lo rimbrottò lei.

"Snowboard nuovo, guscio nuovo."

"Snowboard nuovo, scarponi nuovi, casco nuovo... Qualcosa di vecchio devi averlo come portafortuna."

"Il telefono. Infatti non funziona e non prende. Mamma,

non ti sento," aveva scherzato Samuel, fingendo un'improvvisa interferenza.

Amelia aveva riso, chiudendo la comunicazione e ingranando la marcia automatica: D come Drive, guida, procedi. La madrelingua suonò rassicurante, ora che era nella sua terra natale.

Meno di un'ora dopo raggiunse la destinazione. Si fermò dal lato opposto del cottage e fece un video di quella che per due settimane sarebbe stata la sua residenza in Gran Bretagna.

Non male, si disse, inquadrando la costruzione che, a quanto aveva velocemente letto nella mail, conteneva, oltre a sala e cucina, anche una piccola biblioteca con camino e due camere da letto: una per lei e Matteo, e l'altra per Samuel. Sarebbe stato un bel Natale, nonostante Jane Austen, Mr Darcy e tutto quello che i due personaggi rappresentano: un mondo scomparso e vite che nulla hanno da spartire con chi legge.

Ripensò a Sofia e alla loro conversazione, sbuffando. Possibile che una cinquantenne così colta, arguta e attenta a tutti i segnali di futuro fosse una fan della Austen? Come si poteva credere a quel tripudio di amori, palpiti e passioni una volta superati i vent'anni?

Incrociò le braccia sul petto fissando Whitethorn inquieta, come se la risposta fosse contenuta tra quelle mura centenarie che le si stagliavano davanti solide e rigorose nei loro spigoli ben proporzionati. Sperò che fossero anche tiepide, che la proteggessero dall'umido inverno britannico e non la costringessero, invece, a stringersi accanto a vecchi radiatori sistemati sotto le finestre. Certo, c'era il camino, ammesso che tirasse bene. Sapeva come accendere il fuoco e come regolarlo, glielo aveva insegnato la nonna, ma erano anni che non si cimentava, da quando Matteo aveva trasformato quello della cascina dove abitavano in una funzionale stufa a pellet, con pochi pulsanti sul display tecnologico.

Se la sarebbe cavata da sola, come sempre. Si era allenata fin da bambina, e finora era riuscita a far tornare i conti. Con fatica talvolta, aveva sempre tirato una riga soddisfatta sotto il totale.

Scorse le note sul telefonino dove aveva salvato i codici per l'ingresso. Secondo le istruzioni dell'agenzia Harris&Son, avrebbe trovato *a red lock box*, una scatola rossa agganciata al cancelletto, e all'interno le chiavi per accedere al regno di Whitethorn, Steventon, contea di Hampshire, England.

Le recuperò e lasciò che tintinnassero nel refolo di vento che si era alzato nel frattempo e che l'accompagnò fastidioso verso la soglia, ritagliata nei mattoni come una nicchia. A ripararla, una tettoia di legno da cui pendevano rami secchi di biancospino intrecciati a fili di lucine natalizie. Mancava poco a Natale.

Non lo amava, il Natale, ma da quando era nato Samuel si sforzava ogni anno di celebrarlo con il sorriso stampato e i doni sotto l'albero. E pure da prima, da quando aveva incontrato Matteo, che ci teneva a passarlo con i genitori e i parenti. Lei, da parte sua, non festeggiava con nessuno delle sue famiglie, era troppo complicato. Sua madre Isabel viveva a Marsiglia con l'ultimo compagno; Sebastiano, il papà italiano che l'aveva adottata quando aveva sposato Isabel, regalandole un secondo cognome e un secondo passaporto – oltre a un decennio di stabilità a Roma –, stava ormai fisso negli Usa a fare il nonno di Nicholas, il figlio del suo fratellastro Giovanni. E il suo vero *dad*, l'inglese che aveva contribuito a metterla al mondo senza desiderarla, era cristallizzato in qualche fotografia e nei rari frammenti di memoria sbiadita sopravvissuti all'incidente: uno schianto in moto se l'era portato via insieme alla sua Hasselblad quando aveva ventisei anni, e Amelia soltanto quattro: quattro anni stretti in una manciata di incontri rapidi, una gita al mare e un picnic sull'erba spazzato via dal temporale.

Non è mai Natale per chi fa la conta delle assenze nel cuore, sospirò mentre infilava la chiave nel portone di Whitethorn, ma lei aveva rattoppato buchi e mancanze a modo suo: le cuciture tutto sommato tenevano, fatta eccezione per quelle imbastite intorno alla "voragine nonna", da cui aveva ereditato oltre al nome anche il carattere, a detta di sua madre. Le mancava anche papà Tiano, che aveva saputo abbracciarla quando lei era atterrata per la prima volta a Roma, in un groviglio di pugni, rabbia e sgomento. Scosse la testa e tormentò la serratura irrigidita, finché non scattò secca, con un clic metallico che non ammetteva repliche. Aveva un lavoro da fare, ora. Un lavoro intitolato Jane Austen.

6
Casa dolce casa

Il salotto sì che era bianco, fin troppo. Lo era nei divani accostati ad angolo, rivestiti di velluto a coste, nel tappeto peloso che li univa sotto il tavolino di cristallo montato su due pile di libri dalla rilegatura vintage, nella credenza che troneggiava sulla parete di fronte con la piattaia di legno traboccante di stoviglie, davanti al lungo tavolo di faggio chiaro. I colori irrompevano nella stanza soltanto nella sgargiante tappezzeria a righe verdi, interrotte dalla cornice del camino e dei tanti quadri appesi. Sul fondo, oltre l'arco e il grande lampadario di ottone a otto bracci, s'intravedeva la cucina.

Amelia posò lo zaino a terra e si levò gli anfibi sformati dall'uso, quelli "da reportage" che la facevano sentire una fotografa avvezza a ogni avventura e a ogni sventura. Ai piedi aveva i suoi calzini rossi preferiti. S'intravide nello specchio dell'ingresso: con il cappuccio del parka sopra quello della felpa sembrava una ladra, più che un'ospite.

Si svestì e constatò che la casa era calda. Quel nitore d'interni, che pure l'aveva sorpresa, ora la confortò, rilassandola con la promessa di un soggiorno in cui non ci sarebbe stato spazio per ombre o macchie nascoste. Sospirò – questa volta di sollievo – e collegò il cellulare al wi-fi.

La scala che conduceva al piano di sopra, in legno di quercia come il pavimento, era sulla sinistra e celava, sotto i gradini, la porta di quello che si rivelò un micro-bagno. Anche la nonna ne aveva uno così, ricavato nel sottoscala. Era la cabina telefonica di Amelia, che da bambina si chiudeva dentro, isolata da tutto e tutti, e immaginava di chiamare chiunque le venisse in mente, da Alice nel Paese delle meraviglie alla regina Elisabetta, per intervistarle. Aveva sei anni e aveva già inventato i podcast, si disse ridendo nello specchio, mentre scioglieva la treccia sulle spalle, districando le ciocche ramate.

Si avventurò su per i gradini che gracchiarono come corvi sotto i suoi piedi fino al pianerottolo e alle sue tre porte ravvicinate; una quarta era qualche metro più in là, lungo il ballatoio che si affacciava sul soggiorno: la biblioteca, probabilmente.

Le due camere da letto stavano una di fianco all'altra, ognuna con il suo bagno. Erano un trionfo di biancheria candida, cuscini e tende ricamate alle finestre degli abbaini. Amelia si buttò sul letto matrimoniale e rotolò a pancia in su, poi agitò le braccia a disegnare un angelo nella neve del piumone gonfio, infine si raggomitolò su un fianco. Era stanca, stanchissima, ma era finalmente arrivata.

Certo, c'era ancora la spesa da fare. E l'itinerario da definire, gli appuntamenti da confermare, le foto da scattare e l'articolo da iniziare. Ma ora poteva riposare un momento, lasciando tutto in sospeso. Anche i suoi pensieri. Anche suo marito e suo figlio.

Ora c'era solo lei, e lei era in Inghilterra. *At home*, si disse. A casa.

7
Happy Birthday

Si risvegliò all'improvviso, così come si era addormentata. La pioggia ora saltellava sul tetto, bussava ai vetri e batteva sui cornicioni, componendo la sua partitura d'acqua tra cielo e terra. Amelia si affacciò alla finestra: il cortile era un rettangolo grigio di ghiaia e fango, tra la staccionata e i campi verdastri, piegati dalle gocce. In lontananza, un gruppo di case si stringeva intorno al nastro della strada principale che tentava invano di dividerle.

If you pray for rain, be prepared for the mud, le avrebbe sussurrato la nonna, con un proverbio dei suoi: se preghi per la pioggia, preparati al fango. Ogni azione o accadimento ha un effetto diretto e almeno uno collaterale. Lo stesso le parole, aggiunse Amelia. Possono scatenare paradisi e inferni, e più spesso purgatori che durano un'esistenza intera. Per questo lei aveva imparato a sceglierle e usarle con attenzione e parsimonia. Mai una sillaba di più, mai una di meno. E solo quelle che superano il filtro di verità, bontà, utilità. Altrimenti, meglio tacere. Anche a costo di stare in silenzio per sempre, concluse tra sé, mentre scivolava fuori dalla stanza e poi giù per le scale, con i suoi calzini rossi che facevano tip tap sui gradini bianchi.

Voleva andare al supermercato prima che diventasse buio, magari prendersi un quotidiano locale e sbirciare nei dintorni, giusto per farsi un'idea del luogo e dei suoi abitanti. Da qualche parte doveva pur esserci un *brolly*, un ombrello, meglio ancora se un Brigg, il preferito di nonna Amy e di tanti compatrioti affezionati alla tradizione.

Ne scovò uno blu e scolorito nell'armadio a muro dell'ingresso e lo depositò accanto ai suoi anfibi. Avrebbe controllato cosa ci fosse in cucina prima di buttarsi fuori nella pioggia e nella sera. Era il suo compleanno, si meritava un brindisi e pure una fetta di torta. Più tardi avrebbe chiamato Samuel e Matteo, e soffiato sulle candeline insieme a loro.

Attraversò il salotto con il cellulare in mano, pronta ad annotare se ci fossero o meno caffè, tè, zucchero, latte... Forse il burro? Aprì il frigorifero e no, non era possibile! Sbalordita, Amelia fissò il ripiano illuminato: dentro, a giudicare dalla confezione, c'era una torta! E c'era pure una bottiglia di bollicine del Sussex. *What the...* Cos'era? Un Weston Estate? Indietreggiò incredula e si guardò intorno con una mezza giravolta sul pavimento di pietra grigia, tra il frigo e il bancone di marmo dell'isola dietro di sé. Soltanto allora notò una sagoma pendere dal lampadario a sospensione, con una cordicella rossa. La tirò e un carillon di candele a led multicolor cominciò a lampeggiare, ruotando lentamente su sé stesso al suono di una melodia che lei, quel giorno, non poteva ignorare: *Happy Birthday*.

Istintivamente si portò le mani sul viso, quasi a riparare gli occhi dalla sorpresa, ma in pochi secondi stava già girando un video che condivise subito con suo marito.

"Sei stato tu?" scrisse, aggiungendo l'emoticon di un cuore.

Aprì con cautela la confezione di cartone dorato della torta. Dentro, c'era una tipica Victoria Sponge, con i suoi strati di pan di Spagna, panna montata, marmellata e fragole ricoperti da una cascata di cioccolato bianco.

Tre punti di domanda e una sfilza di candeline da parte di Matteo le confermarono che no, non era stato lui. Del resto, non era uomo da slanci fuori dall'ordinario, né avrebbe mai scelto una Victoria Sponge, considerata la sua allergia alle fragole.

Sofia, allora. Sì, doveva essere stata lei. Le mandò un WhatsApp di ringraziamento.

Intanto, perlustrò la cucina in cerca di tè e caffè: c'erano entrambi, e pure di ottima qualità, insieme a sale, zucchero, miele, marmellata. C'era pure una scorta di cereali e cracker, e latte fresco nel frigorifero, insieme al burro, alle uova e all'imprescindibile cheddar cheese. Non c'era bisogno di fare la spesa. Non c'era bisogno di nulla. E, considerato il buio che anneriva le finestre e la pioggia ormai *plothering*, era un sollievo.

Conosceva almeno quaranta diverse parole per descrivere rovesci e acquazzoni, le aveva messe in fila e in cantilena da bambina, giocando a saltare nelle pozzanghere con Martin e Agor: *rain rain, stinging rain, in stair rods it rains again...*

In quel momento, stava gocciolando forte, lento e costante. Non avrebbe smesso. E forse in serata sarebbe arrivato pure *the sleet*, il nevischio, a dare retta alle previsioni. In fondo, mancavano dieci giorni a Natale. In fondo, era il suo compleanno. In fondo, era la fine dell'anno.

Sbirciò la sua torta tra le ali di cartone: *dulcis in fundo.*

8
Pan di Spagna

Divorò cracker e formaggio accompagnandoli con una tazza di Earl Grey. Con un cucchiaio di zucchero e due lacrime di latte sarebbe stato il perfetto *comfort tea* di sua nonna, ma negli anni Amelia si era abituata a prenderlo amaro e nero. Le cinque erano già passate, anche se è sempre l'ora del tè in Inghilterra. Il cheddar si era impastato dolciastro e molle al palato, e lei lo aveva lasciato sciogliere sulla lingua senza masticarlo, come aveva imparato a fare a scuola, quando lo mangiava di nascosto dalle maestre, durante le lezioni.

Ora non le restava che stappare lo spumante del Sussex e tagliare una fetta di torta. Aveva già acceso il camino in biblioteca, e lì intendeva coccolarsi e rilassarsi, non prima di aver salutato i suoi due uomini sotto le luci del carillon sonoro, ma nessuno dei due sembrava volerle rispondere al telefono. Dove potevano essere? Forse erano in palestra o davanti a qualche partita in tv, con hamburger e patatine.

La sera si era ormai accampata fuori dal cottage, oscurando ogni cosa. La luce della cucina era un piccolo niente contro la notte che avanzava: l'avrebbe riparata dalla pioggia e dalla neve, ma non dai sogni. E nemmeno dai ricordi e dalle ansie da prestazione fotogiornalistica.

Ce l'avrebbe fatta? AMM detta la Mossa era ancora capace di produrre testi e foto convincenti?

E poi Jane Austen! Una scrittrice nata due secoli e mezzo prima e famosa solo per aver alimentato le illusioni romantiche delle ragazze dell'epoca e di quelle che avrebbe definito nell'articolo le "giovani vecchie", quelle ventenni d'oggi che preferiscono rifugiarsi nella sicurezza polverosa del passato invece che affrontare le sfide del presente... Cosa poteva condividere con la Austen a parte l'isola su cui era approdata quella mattina e quel pugno di case *old style* di Steventon, dove avrebbe dormito da lì a poche ore, a due passi dalla dimora dove la scrittrice aveva vissuto?

Videochiamò Sofia su WhatsApp, benedetto wi-fi.

"Ci sei per stappare insieme la bottiglia?" esordì.

Sofia ridacchiò: "Sto entrando a pilates, ma un minuto ce l'ho. Come va? Com'è il cottage?".

"Bellissimo, grazie. E grazie della torta e del vino. Che sorpresa!"

"Sono contenta, ma non ringraziarmi: non siamo stati noi al giornale, forse l'agenzia Harris&Son. Sei già entrata nel mood zia Jane?"

"Ecco... no, non ancora."

"Hai tutto il tempo, sono sicura che farai un ottimo lavoro. Mi raccomando il taglio contemporaneo sulla sua popolarità tra le ragazze, soprattutto le tiktoker. Hai già riletto i suoi romanzi?"

"Qualche pagina," mentì Amelia, "ma recupero il resto in questi giorni."

"E per le foto, scenario ma anche dettagli e minuzie quotidiane. Ora scappo. Buon lavoro e... buon compleanno, quando torni brindiamo. Auguri!"

Auguri... Mi servono tutti, pensò mentre affettava la torta e vi infilava una delle candeline dorate che aveva trovato sul ripiano. Poi fece saltare il tappo alla bottiglia e si versò un calice di bollicine.

"A me," disse, il carillon luminoso che ondeggiava sopra la sua testa, creando ghirigori sul soffitto a volta. Poi si lanciò verso le scale e la poltrona con orecchie della biblioteca, accanto al camino e all'intera collezione dei libri di Jane Austen – a Steventon nessuno era immune dalla Austenmania – da cui estrasse le copie di *Emma* e *Persuasione*. Da quale cominciare? Aveva scartato a priori *Orgoglio e pregiudizio*, che aveva letto da ragazzina e di cui ricordava il film smielato, tutto brughiera, lacrime e lettere d'amore. Che noia.

Sprofondò nella bergère a fiori che, con il riflesso delle fiamme, sembravano sbocciare più rossi e più vividi.

"*Emma Woodhouse, bella intelligente e ricca, dotata di una casa confortevole e di un carattere allegro, sembrava riunire in sé alcuni tra i doni più belli dell'esistenza e aveva vissuto in questo mondo per quasi ventun anni senza aver incontrato molto che l'angosciasse o la deprimesse. Era la minore delle due figlie di un padre affettuosissimo...*" lesse, mentre sorseggiava il suo spumante inglese.

"Una vita difficile," ironizzò ad alta voce, inserendosi nella conversazione crepitante tra il fuoco e la legna e proseguendo nella lettura "*...e assai indulgente e in seguito al matrimonio della sorella s'era trovata molto presto a essere la padrona di casa. La madre era morta da troppo tempo perché lei serbasse qualcosa di più di un vago ricordo delle sue carezze...*" Amelia indugiò sull'ultima parola e agguantò il cellulare. Che fine avevano fatto suo marito e suo figlio? La connessione sembrava sparita, la linea anche.

"*Damn it*," commentò a denti stretti, sforzandosi di concentrarsi sulla lettura. Non voleva addentare la Victoria Sponge senza di loro e riprovò a chiamare. Di nuovo nessun segnale. Forse era meglio scendere e controllare il modem? No, ancora un momento. Un altro sorso. Un'altra riga. E il sentore inebriante del legno di frassino nel camino; il frassino che è il pilastro d'Irlanda, il tribolato Paese del nonno; quel nonno che non era più tornato da Belfast nel 1977, inghiottito dalla lotta, e aveva fatto di sua nonna una vedova e di sua madre una mezza orfana. Anche lei, la nipote, era orfana per metà: suo nonno non lo aveva mai conosciuto e di suo padre le restavano soltanto l'impronta dolce delle dita sulla guancia e il dorso duro della macchina fotografica che le aveva inconsapevolmente e prematuramente lasciato in eredità... Basta. Amelia scosse il capo e si liberò da quella catena di immagini che, lo sapeva, l'avrebbero vincolata a un passato inutile. Lei ce l'aveva fatta, si era costruita una vita diversa. Samuel aveva un padre con cui sarebbe cresciuto. E una madre che non l'avrebbe abbandonato, che non si sarebbe innamorata di una storia diversa da quella che già c'era. La maledizione della prima Amelia non sarebbe ricaduta sulla seconda. E ormai poteva mangiare e bere e dormire, in Italia e come pure in Inghilterra, senza più l'amarezza a stringerle la gola. Poteva leggere, scrivere e fotografare. Poteva sopravvivere gustandosi il suo pan di Spagna in solitudine, senza sentirsi sola.

9
Sweet Dreams

Chi mangia da solo può tutto, rammentò. Lo aveva imparato di reportage in reportage, in pranzi e cene solitari, in cui prendeva appunti o fingeva di farlo tra un piatto e l'altro. Per evitare l'imbarazzo di trovarsi single in mezzo a coppie e famiglie al ristorante, improvvisava spesso un picnic nella sua camera d'albergo. E portava sempre un uovo sodo con sé, nelle lunghe giornate di lavoro. Aveva letto da qualche parte che la regina Elisabetta ne teneva sempre uno pronto nella borsetta, quando non riusciva a mangiare per ore, tra strette di mano, tagli di nastri e discorsi. E così aveva fatto lei, sin dal suo primo *assignment*. Nulla come quella riserva segreta di calorie, nascosta in fondo allo zaino, la faceva sentire al sicuro, preparata a ogni evenienza. Il gesto stesso di scegliere un uovo tra gli altri, di farlo bollire fino a indurirlo, e poi tenerlo caldo tra le mani, nel suo guscio intatto e apparentemente indifferente a ciò che accadeva al suo interno, la spingeva ogni volta a ripensare ai miracoli della trasformazione e al privilegio di poter contare sull'esistenza per un giorno in più, poco importa se buono o cattivo.

Affondò la forchetta nella morbida fetta di torta e la panna montata debordò, trascinando con sé qualche fragola sul piatto. Da quanto non assaggiava una Victoria Sponge? L'aroma del rum e della vaniglia le solleticarono le narici, ma fu il sapore fresco e zuccherino a trasportarla dove non andava da un po', nemmeno nei sogni: nella serra di Martin, quando in primavera spuntavano le teste rosse delle *strawberries* tra le file di foglioline verdi.

Forse per questo il rosso era il suo colore preferito. Perché è il segno di qualcosa che ha la forza di nascere e rompere la crosta di terra che lo seppellisce. Perché è la tinta dei sopravvissuti e dei sopravviventi.

Chiuse gli occhi e lasciò che il gusto vincesse su tutti gli altri sensi. Per un istante, Amelia fu solo bocca e papille, poi ricominciò a guardare il suo film mentale. C'erano le vetrate appannate del vivaio a forma di piccola cattedrale, i profili di piombo nero intrecciati tra i vetri, l'odore di terriccio umido e ferroso, le nuvolette a fior di labbra del suo respiro infreddolito che si gonfiavano a ogni parola, e un alone di sole timido e stinto. C'era lei con le sue scarpe increspate di brina, i piedi ghiacciati che nella serra si scaldavano a contatto con la terra tiepida, la mano di Martin che stringeva la sua, rassicurandola a ogni passo. E poi il miracolo delle testoline allineate che lasciavano la loro scia dolce sulla bocca. E sulle dita la promessa appiccicosa di altre sorprese.

Era un gioco come un altro, allora, la felicità. Anche quando si era ormai trasferita in Italia, Amelia tornava ogni estate in England a giocarci. E la ritrovava sempre nell'erba alta e pungente dei campi in cui lei si appiattiva a nascondino, negli stagni d'acqua che rilucevano come carta stagnola intorno ai suoi piedi a mollo, nel succo delle drupe di biancospino appena colte, negli ansimi di Agor quando le correva incontro abbaiando, nelle confetture dentro i barattoli tappati con gli scampoli di stoffa a quadretti, nelle risate mentre inseguiva Martin giù dal pendìo in cortile, dietro il lavatoio dove starnazzavano le oche e fino alla gabbia dei conigli dalle orecchie morbide come i pennelli da trucco di mamma sugli zigomi...

"Gustosa," concluse, dando una seconda forchettata. Non come quella della nonna, ma ben dosata. Del resto, nulla è meglio di un buon ricordo. I ricordi vincono sempre, nel bene e nel male sono sempre più nitidi di qualunque presente.

Posò il piatto e cercò con la spalla l'incavo accogliente della poltrona, quasi a chiederle un abbraccio. Oltre il tramestìo del fuoco, soltanto il silenzio nero della notte imminente.

10
Fiocchi di patate

"*Una casa tutta per sé! Ma qual è il vantaggio di una casa tutta per sé? Questa è grande tre volte la sua. E tu, mia cara, di malumori non ne hai mai.*"

Sollevò gli occhi dalla pagina al piccolo tonfo di qualcosa che cade. Amelia si stiracchiò, staccandosi dai fiori della bergère, e allungò le gambe sul pavimento prima di alzarsi in piedi tra i gemiti dell'assito per raggiungere la finestra: il buio là fuori stava lottando con i morsi bianchi della neve. Altro che nevischio, scendevano *potato flakes*, fiocchi di patate, che si sarebbero incollati a rami, tetti, strade, cortili, per apparecchiare un altro mondo.

Sperò che l'agenzia, l'indomani, avrebbe provveduto a spalare. O che almeno ci fosse una pala in casa, per ritagliare un passaggio tra la porta d'ingresso e il cancello, e del sale da spargere sul ghiaccio. O forse la temperatura sarebbe risalita e i fiocchi di patate si sarebbero trasformati in purea.

Di nuovo un rumore. Un colpo o uno scampanìo, questa volta, subito attutito dal nulla. La portiera di un'auto? Restò vigile in ascolto. Una voce? Non c'erano case lì accanto.

Controllò il telefono: niente linea né connessione. Doveva scendere e verificare: l'inevitabile scricchiolìo delle scale e, in fondo, il modem sul tavolino, senza alcun sussulto lampeggiante. *Dead and done*, concluse automaticamente il suo cervello. Morto. "Eppure la corrente c'è," si disse Amelia inginocchiandosi accanto alla scatola di plastica per staccare e riattaccare il cavo, nel tentativo di rianimarla.

Dead and done. Nothing. E c'era pure uno scalpiccìo che si affannava oltre il perimetro spesso del cottage. Poi la voce. Anzi le voci, troppo lontane per distinguerne le parole ma vicine abbastanza da lasciarsi udire. Passanti? Con quel tempo? Forse qualcuno che portava fuori il cane. O un orso bianco, scherzò con sé stessa, nel tentativo di allontanare l'ansia che le saliva dallo stomaco alla gola.

Poi i colpi, netti e risoluti, contro la porta di ingresso. Amelia trattenne il fiato. *Dead and done.* Meglio non aprire. In fondo, lei era solo un'inquilina temporanea. Ma poteva essere l'agenzia, o la padrona di casa, o i tecnici che le avrebbero ripristinato la connessione... Sicuramente erano i tecnici, o comunque il responsabile della manutenzione di Whitethorn, si convinse.

"Chi è?" chiese titubante.

"Dubois, per la casa."

Il tecnico o il tuttofare, immaginò Amelia, che fece scattare la sicura e socchiuse appena il battente.

"Ah, ma allora *c'è* qualcuno," esclamò la voce maschile sotto il cappello di feltro scuro bordato di neve, in tono scocciato. "Sono Dubois," proseguì supponente come se lei dovesse, a quel nome, reagire in qualche modo, meglio se con un inchino. "Siamo i Dubois," specificò poi, scostandosi per fare spazio a una figura smilza in leggings, piumino e sciarpa montata fin sulla testa.

Evidentemente non erano i manutentori.

"Possiamo entrare?" l'uomo fece un passo verso di lei, che si ritrasse intimorita.

"No. Cioè non... saprei. Siete i proprietari?"

"Solo per qualche giorno. Abbiamo prenotato."

"Prenotato cosa?"
"Il cottage!"
"Questo cottage?"
"Siamo a Whitethorn?"
"Sì ma..."
"Non ci sono le chiavi appese al cancello, com'era indicato nella mail."
"Le ho io."
"Ottimo, allora ci lasci entrare."
"No, c'è un errore."
"Siamo i Dubois!"
"Questo me lo ha già detto, e io sono Maini Moss. Amelia Maini Moss."
"È lei che affitta?"
"No..."
"Lavora per la Harris&Son?"
Amelia scosse la testa.
"La cameriera?"
"La cameriera?! Ma io sono un'ospite, una cliente. Sono una fotogiornalista e sono qui per un reportage!"
"Ma questo è il nostro cottage. Amore, la prenotazione..." La donna dietro di lui sfilò il cellulare dalla tasca del piumino e glielo porse. "Vede? Dubois, per due. Dal 15 al 22 dicembre," sillabò arrogante, sdrucciolando sull'ultima erre come fanno i francesi quando parlano inglese. "E lei è...?"
"Amelia Maini Moss, gliel'ho detto. E sarò qui fino al 27."
"Qui?"
"A Whitethorn."
"Impossibile."
"Sono d'accordo, e sono sicura che sia meglio contattare l'agenzia. Il vostro cellulare prende? Io sono isolata da qualche ora."
"Sfortunatamente no," cinguettò la donna, con una pronuncia eccezionalmente *broad*, come se stesse recitando in

scena. "Che dramma," aggiunse poi, portandosi teatralmente una mano al petto.

"Mi faccia vedere la prenotazione," pretese l'uomo.

"Io non devo farle vedere proprio niente," si risentì Amelia, spostando la treccia da una spalla all'altra come faceva sempre quando era nervosa. Odiava le discussioni, ma questo non le aveva mai impedito di parteciparvi. "E Whitethorn è casa mia per i prossimi dodici giorni, mio marito e mio figlio mi raggiungeranno per Natale," continuò accalorandosi in volto, nonostante il freddo umido che s'insinuava nell'ingresso.

"Le ripeto che non è possibile, ho ricevuto la conferma da Harris&Son settimane fa. Questa casa è nostra."

"È il *mio* posto, questo!" replicò lei esasperata. "Telefoniamo all'agenzia così le daranno la conferma."

"E come? Non c'è campo," s'intromise di nuovo la donna, con quel suo strano accento, prima di starnutire.

"Così ti ammalerai, amore mio. Mrs... come ha detto che si chiama?"

"Amelia Maini Moss," scandì Amelia, come se stesse sparando tutte le sue cartucce.

"Ora noi entriamo."

"No, no. Non so chi siete," si oppose, irrigidendosi.

"Gliel'ho detto, Mr Dub..."

"Dubois sì, ho capito, ma non vi conosco."

L'uomo fece finta di non sentire e si rivolse alla sua compagna: "*Sweetheart*, tu accomodati e scaldati. Io vado a cercare un telefono fisso".

"A dire il vero io..." cercò di difendersi Amelia.

Di nuovo uno starnuto dalla sconosciuta. Lui squadrò Amelia e Amelia fissò il cielo che non smetteva di fioccare. "Va bene," concesse, spalancando la porta. "Ma faccia in fretta."

"E lei si prepari ad andarsene."

"Io? Io non andrò da nessuna parte!"

"Lo vedremo," minacciò Dubois, prima di darle le spalle e avviarsi spedito verso la strada. Sembrava che la neve non lo sfiorasse neppure, come se riuscisse a camminare tra i fiocchi, schivandoli. O forse erano loro a volteggiargli intorno, evitando di scontrarsi con le falde del suo cappotto lungo e largo, quasi un mantello. "Bevi qualcosa di caldo, amore," raccomandò dal buio in cui era sparito, oltre la staccionata.

Amore, la banalità di un cuore.

11

C'era una volta

La donna, intanto, si era appiattita accanto all'attaccapanni e aveva cominciato a sciogliere il turbante di sciarpa imbiancata. Portava occhiali tondi, cerchiati di tartaruga, che subito si appannarono nel tepore della stanza. Era alta, snella. Troppo, giudicò Amelia. E giovane, troppo: vent'anni, forse meno. La ragazza rabbrividì sotto la cascata di capelli castani che le si rovesciarono sulle spalle e si sfilò gli Ugg che aveva ai piedi. Con il piumino addosso, esplorò la sala in silenzio.

"Meglio se lo levi, è bagnato," suggerì Amelia. "Ti faccio un tè", e la invitò a prendere posto sul divano indicandole la coperta ripiegata sul bracciolo.

"Le sono davvero molto grata," rispose lei, avvoltolandocisi dentro.

Ma come parla questa, si stranì Amelia. "Vuoi un'aspirina?"

"Oh sì, magari," rispose con una formula inusuale, che suonava come "volesse il cielo che", prima di starnutire.

"Preferenze per il tè?"

"Earl Grey. No zucchero, no latte. Solo tè."

Avevano qualcosa in comune.

Amelia tornò poco dopo reggendo il vassoio, sul quale, oltre a tazza e teiera, aveva impilato qualche biscotto accanto all'aspirina.

"Va meglio?" domandò.

"Andrà meglio." La ragazza rotolò fuori dalla coperta e allungò la mano verso la tazza di acqua calda in cui annegò la bustina. "È molto bello qui," continuò di nuovo con quell'accento impostato, "proprio come nelle foto sul sito."

"Già," ribatté Amelia con un sospiro di imbarazzo per la situazione in cui entrambe ora si trovavano, da una parte all'altra dello stesso divano, nello stesso salotto di un unico cottage. Provò a scalfire la tensione: "Da dove arrivate?".

"Dal Canada."

"Toronto?" La testa cominciò a proiettare il trailer di immagini mentali delle città che aveva scoperto, fotografato, descritto anni prima. E dove aveva incontrato Willem Dafoe, in albergo, e Meghan Markle al ristorante, prima che diventasse duchessa... e le cascate del Niagara, i vini nati sotto la neve... Che bella vita era stata, la sua. Sospirò di nuovo.

"Adesso Toronto, ma sono nata a Montréal."

"Ci sono stata molto tempo fa, per un reportage."

"Si occupa di fotografia?"

"Sì, e scrivo."

La giovane canadese la fissò muta da dietro gli occhiali.

Era bella di una bellezza dimessa e inconsapevole, indossata con noncuranza, rifletté Amelia, ricambiando lo sguardo. Non un rigo di trucco, né una bava di rimmel. *Natural beauty*. Forse da lì a qualche compleanno sarebbe esplosa diventando vistosa, sensuale, accattivante. Ma ora, in quel salotto in mezzo allo Hampshire ammantato di neve, era solo una creatura allampanata, tutta occhioni color pernice, lenti e chioma. Figlia o fidanzata appena maggiorenne? Non era riuscita a dare un'età all'uomo arrivato con lei. Imbacuccato com'era, ne aveva intuito solo le pupille chiare e un naso lungo dal profilo tagliente, appena divaricato nelle narici, sopra una barba spettinata. Di certo però aveva superato gli anta. Era vecchio, insomma, per accompagnarsi alla donna che adesso sorbiva il tè soffiandoci sopra a labbra imbronciate, come una bambina.

"Studi?" riprese Amelia.

La ragazza annuì. "Finisco il college quest'anno", e la lingua si addolcì sulla *g* con uno struscio che suonò francese.

Era davvero una bambina! E quindi era la... figlia?

"E quello..." azzardò Amelia gesticolando verso la soglia, "è tuo padre, suppongo."

Di nuovo un silenzioso cenno di consenso.

"Un viaggio 'padre e figlia', che bella esperienza," commentò, chiedendosi dove fosse la madre ma non osando ammetterlo ad alta voce. E dopo un momento: "Non ci metterà molto, vedrai".

"Lo spero proprio," mormorò la ragazza. "Vorrei solo stendermi e dormire. Il jet lag, che pena."

"Puoi sdraiarti qui, intanto. Ti prendo un cuscino?" si offrì Amelia, improvvisamente intenerita. "Di là c'è il bagno," le illustrò alzandosi in piedi e indicando il sottoscala. Poi salì al piano superiore. In biblioteca il crepitìo del fuoco s'era assopito, andava rianimato. Guardò la sua bergère con nostalgia: avrebbe di gran lunga preferito continuare a leggere *Emma* che affrontare Mr Dubois, maledizione. Raccolse il libro e se lo mise sotto il braccio, poi andò in cerca di un cuscino comodo.

Quando scese, una manciata di minuti dopo, la ragazza stava già dormendo, o comunque teneva le palpebre chiuse. Era raggomitolata su un fianco, un braccio sotto la guancia e l'altro allungato nel vuoto, quasi a sfiorare il tappeto. Sulla mano volante, un anello di ceramica bianca con stampigliata una lettera verde. Era una E.

Amelia non le aveva chiesto il nome e non si erano presentate. Eleonore? Ella? Eva? Controllò il telefono, avrebbe voluto sentire Matteo: lui l'avrebbe guidata e rassicurata. Ma era sola e doveva arrangiarsi. Non le sembravano pericolosi, i Dubois. Non erano stati maleducati, solo supponenti. L'importante era che se ne andassero il prima possibile e che lei potesse tornare alla lettura e al riposo. A casa sua. Whitethorn era il suo regno e il suo confine. Non intendeva condividerne nemmeno un metro, né con loro né con nessun altro. Che la lasciassero in pace, *for God's sake*.

12
Doppio sogno

L'attesa le sembrò infinitamente più lunga dell'ora e dodici minuti che marcava il display dell'orologio, e terminò con due colpi ritmati sul portone. Si erano ormai fatte le nove e ancora nevicava fitto. Amelia sgusciò rapida all'ingresso e, aprendo, fece subito dei cenni perché Mr Dubois parlasse sottovoce e non svegliasse la figlia.

Lui entrò, portandosi dietro la neve accumulata sulle ali del cappotto e le falde del cappello, che si depose sul pavimento come farina. Con sé aveva anche una valigia e una borsa.

"L'agenzia è chiusa fino a domattina," spiegò senza nemmeno un saluto. "Non c'è un numero di emergenza o, meglio, ci sarebbe se le linee telefoniche funzionassero, ma un cavo è stato tranciato dal ramo di un albero o forse è stato manomesso o forse semplicemente si è staccato a causa della neve, e la zona è isolata, nessuno al momento sa con precisione cosa sia successo. Sono stato nell'unica pensione, qui in paese, ma non ci sono camere disponibili, e nemmeno nei due B&B che mi hanno indicato. C'è un albergo a una ventina di chilometri, ma pare che ci sia un evento in programma in questi giorni e che sia pieno, tra clienti in arrivo e quelli che, considerato il maltempo, non sono partiti e non partiranno. Potrebbe liberarsi una camera domani lì, oppure a Basingstoke. E in ogni caso non è il soggiorno che abbiamo organizzato. Sentiremo Harris&Son domattina come prima cosa."

"Quindi? Non capisco."

"Quindi resteremo qui fino a domani."

"Qui dove?" si allarmò Amelia. "Qui in casa?"

L'uomo allargò le braccia: "Evidentemente sì".

"Evidentemente no. Non posso condividere il cottage con due sconosciuti!"

"Anche lei mi è sconosciuta ma devo tollerarla, considerate le circostanze."

"Tollerarmi? Senta, io sono arrivata oggi pomeriggio e questa è casa mia..."

"Nostra, mia e di mia figlia. Come conferma la prenotazione."

"E la mia prenotazione, allora? Ma si rende conto del... del... disagio in cui mi sta mettendo?"

"Non è maggiore del nostro, glielo assicuro. Si comporta come se la responsabilità fosse mia e non sua! Non so se ha diritto di stare a Whitethorn, se non mi mostra la prenotazione. Potrei cacciarla, se volessi."

"Semmai sono io che dovrei..." si infervorò Amelia.

"Non alzi la voce con me."

"Io alzo la voce quanto mi pare. E non faccia *mansplaining*! Solo perché è un uomo, pensa di potermi imporre la sua presenza?"

"Pure femminista?!"

"Cosa fa, ora? Mi insulta?"

"La smetta!" le intimò lui.

"Ma la smetta lei! È un maleducato. Arrogante, maleducato e pure maschilista," sibilò Amelia furibonda, portando le mani sui fianchi.

"Papà?" La figlia stava assistendo alla scena da dietro il divano.

"Amore mio, come stai? Perdonaci, non volevo svegliarti ma... con la signora non si può ragionare," disse sempre più stizzito.

"È tuo padre quello irragionevole," ribatté Amelia, senza lasciarlo finire.

"Hai trovato l'agenzia?" proseguì la ragazza ignorando la discussione.

"Non si può fare nulla stasera, *honey*. Dobbiamo attendere sino a domattina."

"Ma dove?"

"Qui, naturalmente. Resteremo qui..."

"No!" lo interruppe Amelia. "Le ho già detto e stradetto che non è possibile."

"E invece è così. È deciso. Non c'è altra soluzione. In meno di dodici ore avremo una risposta su chi potrà restare. Lei vada pure nella camera che preferisce, si chiuda dentro e buonanotte!"

Amelia piantò i talloni nel pavimento, quasi volesse mettervi radici, ma lui le girò intorno e la superò, ignorandola. Lei fissò i bagagli che Mr Dubois aveva trascinato con sé. La valigia era rigida, di un azzurro che virava al grigio, con un voluminoso fiocco rosa legato alla maniglia. La borsa, invece, di pelle morbida e scura, aveva tre grosse iniziali stampate sopra: GDD. Anche di Mr Dubois, così come di sua figlia, Amelia ignorava il nome.

Si avvicinò alla valigia, sollevando il fiocco con due dita, in cerca di una targhetta o di una indicazione. C'era. Ed era scritta a mano: Emma Dubois, 193 The Bridle Path, Toronto, Ontario.

Emma!

La sentì urlare dalla cucina. Un istante dopo la voce del padre, anch'egli agitato. Li raggiunse di corsa. Erano davanti al frigorifero spalancato, mentre il carillon sopra le loro teste gracchiava i suoi auguri.

"Che succede?"

"La mia torta!" piagnucolò Emma.

"Lo spumante! È stata lei?" Mr Dubois puntò il dito verso il cuore di Amelia, che si immobilizzò incredula.

"Sì, è il mio compleanno!" si giustificò.

"È il *mio* compleanno!" disse la ragazza sconsolata, in un sovrapporsi di voci.

Le due donne si fronteggiarono confuse.

"Lei ha mangiato la torta di mia figlia?" l'aggredì l'uomo.

"Oggi è il mio compleanno," tentò di spiegare Amelia concitata, stringendosi nelle spalle, "e ho pensato che la Sponge e il vino fossero per me! Non potevo certo immaginare che voi sareste arrivati e che... anche Emma festeggiasse lo stesso giorno," s'interruppe.

"Domani. È domani!" sbottò la ragazza, ora in lacrime. "E come sa come mi chiamo?"

Amelia si accasciò sullo sgabello accanto al ripiano di marmo dell'isola in mezzo alla cucina, la testa sui gomiti e la treccia scomposta. Sopra di lei, il carillon ricominciò a ruotare, suonando il motivetto di *Happy Birthday*. Lo guardò girare e disegnare chiaroscuri sui volti sbigottiti dei Dubois. Poi proruppe in una risata nervosa e sgangherata.

13
Unposted

L'alba si era svegliata bianca e come latte si era riversata sul mondo. Non c'erano altri colori in quella mattina, quando Amelia scostò le tende. DAY TWO, pensò, e lo annotò sul taccuino. Aveva sognato male: boschi, fango e luci che l'abbagliavano, portandola fuori strada. E poi una bambina che le correva incontro scalza, nonostante la neve sul sentiero. Lasciava dietro di sé piccole impronte rosso fragola. E rideva, rideva e rideva, nonostante lei le dicesse di stare ferma e zitta. Ma non le dava retta, la piccola. Continuava la sua corsa verso di lei e poi le si buttava addosso, stringendole le ginocchia. Voleva che la prendesse in braccio, ma Amelia aveva le mani sporche di terra. E non aveva tempo per lei. Doveva andare. Ma dove?

Aveva aperto gli occhi con la sensazione di aver mancato un appuntamento importante. Quale?, si chiese, cercando di orientarsi dentro di sé. Quando fece per aprire la porta della stanza, la maniglia rimbalzò. Già, l'aveva chiusa a chiave la sera prima. I Dubois, maledizione. L'avevano lasciata sola in cucina, dopo l'episodio della torta. E lei aveva atteso che andassero a dormire prima di salire in camera. Non voleva incontrarli, magari in pigiama.

Si era assicurata che il fuoco fosse spento nella biblioteca e poi si era barricata, sfinita da una giornata stravolgente. Un compleanno indimenticabile, anzi due. Ma ora padre e figlia se ne sarebbero andati. Era ovvio che l'agenzia aveva fatto un errore, ma certo non avrebbero cacciato lei. Lei era lì per lavoro, mica per vacanza. Ah, il telefono. Prendeva? No, non ancora, imprecò sottovoce. Sbirciò sul ballatoio, prima di muoversi. Sembrava sgombro, via libera: doccia, denti, un minimo di make up. E poi si sarebbe avventurata di sotto, in cucina. Si era svegliata affamata e aveva bisogno di un caffè, con o senza i Dubois.

Ma loro c'erano. O meglio, c'era Emma che stava installando in salotto una sorta di set fotografico, con treppiedi e luci puntate su uno sgabello che aveva trascinato lì dalla cucina. La ragazza indossava un outfit decisamente insolito, con una sottana bianca e spessa e quello che sembrava un cardigan smunto e peloso sopra un bustier, ma c'erano altri abiti ammucchiati sullo schienale del divano, e libri, nastri, stoffe.

"Buongiorno," la salutò Amelia. "Dormito bene?"

Emma non rispose e continuò ad affannarsi perlustrando la stanza, con il cellulare in mano. Stava girando un video.

Per fortuna la cucina era zona franca. Non c'era nessuno. *Thank God!* Amelia, sollevata, accese il bollitore e tirò fuori il filtro per il caffè. Dispose qualche fetta di pane nel tostapane e preparò burro, cheddar, marmellata. Le uova, già. Le avrebbe strapazzate e condite. La torta la fissava dal frigorifero, testimone inconsapevole degli eventi. Ne avrebbe volentieri mangiata ancora, ma non osò. Non era sua.

Spalmò il toast e diede il primo morso. Sì, aveva fame. E doveva trovare un modo di dare sue notizie a casa, prima che i suoi uomini si preoccupassero per lei.

Versò il caffè nella tazza, che le scaldò le dita. La tenne così per un momento, inspirandone l'aroma a occhi chiusi.

"Buongiorno," la interruppe Mr Dubois.

"Buongiorno," disse lei, e poi, in uno slancio di cortesia, "vuole del caffè?"

"Ho spalato il vialetto. E per strada sono passati i mezzi spazzaneve e spargisale," rispose l'uomo, ignorando l'offerta.

"Spero ripristinino la linea telefonica."

"Tra poco, dicono. Così finalmente risolveremo questa incresciosa situazione."

"Mi spiace per la torta," ammise Amelia.

"Già. Andrò a prenderne un'altra, ma l'effetto sorpresa è svanito. Sono i suoi diciott'anni. Doveva essere tutto perfetto e invece, a causa sua..."

"Ehi, mi dispiace," lo fermò subito Amelia. "Io non ne avevo idea, ho davvero pensato fosse per me."

"Per lei? Alla sua età? Andiamo! E chi l'avrebbe organizzato per lei?"

"Mio marito, il giornale..."

"Ma siamo adulti, su."

"Un adulto non merita festeggiamenti?"

"In un viaggio di lavoro? Con un carillon sopra la testa dentro un cottage in affitto?"

"Be', non ci vedo niente di..."

"Una festa da sola? Io ci vedo molto di strano."

"Senta, le ho detto che mi dispiace. Ora non sta a lei giudicare come io festeggi o meno il mio compleanno. E a giorni arriverà la mia famiglia."

"E la mia invece è qua. E se lei non fosse l'egocentrica che è, mia figlia ora avrebbe una torta e un compleanno speciale. Nella casa che abbiamo affittato per *noi*."

Amelia si domandò, di nuovo, dove e chi fosse la moglie, ma non era quello il momento di sondare. Invece ribatté sarcastica: "Egocentrica per una fetta di torta?".

"Ha pensato che fosse tutto per lei. Non le è venuto in mente di chiamare l'agenzia, di verificare come mai ci fosse tutto quel cibo in frigorifero... O pensa che sia normale arrivare in un cottage nel nulla e trovare torta, spumante, cibo e biscotti? Qualcuno deve averci pensato, magari. Ecco, quel qualcuno sono io."

"Bravo, bravo. Complimenti!" Amelia inscenò un inchino. "Tra poco quest'incubo terminerà. Lei se ne andrà, e mia figlia e io ci godremo le nostre vacanze, finalmente."

"Senta, come le ho detto mi rincresce per la torta e per Emma e per tutto, ma io da qui non posso andarmene. Dal 22 ci saranno mio marito e mio figlio. È Natale. E adesso vorrei fare colazione in pace."

"Anch'io."

"Se lei non fosse così insolente, non ci sarebbe nessun problema."

"Ah, sarei *io* l'insolente?! Facciamo una cosa, Miss Insolenza: ora me ne vado di sopra e tornerò quando avrà finito il suo caffè."

"Posso pregarvi di fare silenzio?" s'intromise la figlia affacciandosi in cucina, con quel suo buffo linguaggio d'antan. "Devo registrare. Nessuno si muova di qui per i prossimi dieci minuti. Vi avviso io quando avrò terminato."

Emma comparve e scomparve, ma Amelia fece in tempo a vederla trasformata in una damina ottocentesca, con tanto di maniche a sbuffo e jabot. E capelli raccolti sulla nuca.

Mr Dubois abbassò un attimo la guardia e si sentì in dovere di specificare: "È per i canali social. Libri. La Austen".

Amelia restò con la tazza del caffè a mezz'aria. La Austen? E la ragazza si chiamava Emma! Non poteva crederci. Quante cose aveva in comune con quella giovane spilungona venuta dal freddo? Non certo gli abiti, si disse incuriosita. Si avvicinò allo stipite tra la cucina e il soggiorno.

"Dove va?" bisbigliò Dubois, le sopracciglia che si avvicinavano sulla fronte, pronte ad arrabbiarsi. Non era un brutto sguardo, il suo: grigio come la figlia, ma limpido.

Amelia non reagì, si limitò a osservare la scena di Emma ritta in piedi davanti a una *ring light* che le illuminava il viso, mettendone in risalto gli occhi di pernice cerchiati dagli occhiali. Blaterava di Jane Austen, questo l'aveva capito. Poi allontanò il treppiede che reggeva il cellulare e fece partire un brano musicale dal computer collegato alle casse. Cominciò a ruotare su sé stessa lentamente, passo dopo passo, mostrando il suo abito, per poi fermarsi a spiegare di quanti strati fosse composto, togliendone a uno a uno fino alla sottana bianca e il corpetto in cui l'aveva vista poco prima. Infine, dopo aver cambiato le impostazioni sul telefono, prese a rivestirsi capo dopo capo, con grazia. Sembrava una danza e Amelia si rammaricò di non avere con sé la sua macchina fotografica, per immortalare quel momento singolare, quasi poetico. Poi, la ragazza tornò in primo piano e riprese a parlare. Disse che era il compleanno di Jane Austen e che lei lo avrebbe celebrato proprio dove l'autrice era nata, a poca distanza dal cottage che le faceva da sfondo, e che era anche – coincidenza! – il *suo* compleanno, di Emma, nata lo stesso giorno, come ben sapeva chi l'avrebbe seguita nel reel.

Era il compleanno di Jane Austen? Veramente? Cioè lei, Amelia, era a Steventon il giorno del compleanno della scrittrice su cui doveva costruire il reportage e non se n'era accorta?! Conosceva l'anno di nascita, il 1775, era lì proprio per raccontarne il prossimo duecentocinquantesimo anniversario, ma il giorno preciso? Non si era granché documentata, e ne era consapevole, ma era stata davvero superficiale sino a questo punto? Ora lì davanti a lei c'era un'Emma contemporanea che testimoniava... tutto quello di cui lei aveva bisogno! A stento riuscì a contenersi, tanto che si agitò e fece squittire il legno del pavimento. Intanto, la ragazza stava terminando la sua registrazione, congedandosi dai suoi fan ai quali promise un altro collegamento in diretta di lì a poco. Soltanto allora starnutì, segno che il raffreddore non se n'era del tutto andato. Poi spense cellulare, *ring*, computer, e cominciò a riassettare la stanza.

Amelia applaudì: aveva trovato la sua musa per l'articolo che doveva scrivere e le foto che avrebbe scattato.

14
L'ora bianca

Si avvicinò alla ragazza con l'intenzione di chiederle se poteva intervistarla e fotografarla. Era convinta che non le avrebbe detto di no, nessuno lo fa. Davanti a una giornalista, sono sempre tutti pronti a svelarsi, anche quelli in apparenza più maldisposti. Basta porre le domande giuste, anzi fingere di porle sbagliate per sentirsi dare le più autentiche. AMM lo sapeva fare bene. Sapeva come pungere con le parole per far uscire il sangue. A volte bastava attendere, a volte invece bisognava incalzare, altre volte ancora distrarre o simulare disinteresse. Fare un'intervista è come contrattare al mercato, le aveva detto una volta un vecchio collega, e lei non se lo era mai dimenticato. Tutte le relazioni sono contrattazioni, in fondo: ci si compra e ci si vende reciprocamente, è solo questione di convenire sul prezzo.

Invece, il cellulare che aveva in tasca prese a vibrare e a emettere suoni isterici, a raffica. Evidentemente la linea telefonica era stata ripristinata. Anche gli smartphone dei Dubois si rianimarono, mentre il modem riprendeva freneticamente a lampeggiare.

I tre si riunirono in salotto, chini sui loro display, le orecchie incollate, le dita che scrollavano irrefrenabili.

"Matteo, come va? Qui un delirio. Sto bene, sì, ma... Ti dico che... Sam? Ah, bene. Benissimo. Oggi ha il compito di matematica, mi raccomando. Deve recuperare l'insufficienza. Qui, ecco, è successo…" Amelia cominciò a riassumere brevemente ma concitatamente gli avvenimenti delle ultime ore. "Eh, lo so! Nemmeno io avrei voluto, ma cosa potevo fare? E poi la ragazza non stava bene. E nevicava fitto, sì. Comunque ora risolviamo. Chiamiamo l'agenzia. Ah, dici di andarci? Ma le strade? Adesso controllo. Sì, d'accordo. A dopo, ciao."

Emma la fissò curiosa dal divano dove stava postando e digitando, ma abbassò subito gli occhi non appena Amelia chiuse la telefonata.

"Emma," esordì lei, "posso farti i complimenti? Ti ho vista mentre registravi e wow, sei stata straordinaria. L'outfit, l'acconciatura, le informazioni. Tutto. Davvero brava."

La ragazza si schermì con un gesto che significava grazie ma anche no, non è necessario e comunque non è questo il momento.

"Anzi, stavo pensando," proseguì indomita Amelia, "che mi piacerebbe intervistarti e fotografarti per il mio reportage. È incredibile ma… ecco, sono qui proprio per documentare i luoghi di Jane Austen in previsione dei festeggiamenti per i 250 anni dalla sua nascita e raccontare quanto la scrittrice ancora oggi sia di ispirazione, per la tua generazione in particolare. Saresti la testimonial perfetta. Posso farti vedere che tipo di foto ho in mente, se credi."

"Lei non è inglese," rispose invece Emma, glissando.

"Sì, a metà. Lo sono ma sono anche italiana. E il reportage uscirà per una rivista italiana."

"Non sono sicura che sia una buona idea. Cosa ne pensi, papà?"

"Di cosa, amore?" Mr Dubois era occupato con il telefono. "Ancora la segreteria! Emma, mi accompagni in paese così risolviamo con l'agenzia e verifichi gli orari di ingresso alla casa di Jane Austen? Considerato il cattivo tempo, potrebbe non essere aperta oggi."

"Lo sarà. Ho preso accordi con loro per realizzare un reel nella sua stanza."

"Posso aiutarti con le luci, se vuoi," si offrì Amelia conciliante.

"Non occorre, la ringrazio. Sono abituata a lavorare da sola. Tra quanto partiamo, papà?"

"Quando sei pronta, amore. Un quarto d'ora ti basta?"

Emma s'apprestò a salire al piano di sopra.

"Credo sarebbe meglio se venissi anch'io in agenzia," propose Amelia. Era stato suo marito a suggerirle di non lasciare ai Dubois il controllo della situazione. "Prendi tu in mano la faccenda," le aveva raccomandato, come faceva spesso.

"Miss Insolenza ora vorrebbe unirsi a noi?"

"Mi sembra solo più pratico, tutto considerato. Deve rispondere a entrambi di questo pasticcio."

"Non glielo posso impedire, vero?" continuò lui.

"No, direi di no. Cioè, se anche lo facesse, non le darei retta."

Mr Dubois sospirò, massaggiandosi il collo come se fosse contratto. Indossava un maglione blu sopra una camicia di jeans e pantaloni di velluto dal taglio morbido, quasi *baggy*. Rilassato, ma curato. In ordine. Amelia si osservò: era ancora in pigiama, o meglio nella tuta di felpa nera con la quale aveva dormito.

"Vado a cambiarmi," disse, pensando a come abbigliarsi per fare buona impressione con Harris&Son. Doveva restare a Whitethorn, voleva restare. *No matter what.*

Fu lei a chiudere la porta, una volta usciti tutti dal cottage. L'aria era immobile, il paesaggio infeltrito dalla nevicata. Persino il cielo era una lamina biancastra, attraversato da una striscia di cumuli che si sfilacciavano sopra le colline, i tetti e le cime degli alberi. Quel cielo che Amelia aveva amato così tanto da averne nostalgia quando non ci dormiva sotto. Era diverso da quello di Roma o di Milano, e anche di Broni. Lì, in

Inghilterra, era più alto, conteneva più nuvole. Era sicura che, se avesse potuto misurarlo, il metro le avrebbe dato ragione.

Si era portata le chiavi della Mini, incerta se i Dubois la volessero in auto con loro. E in fondo nemmeno lei era così convinta di voler viaggiare tutti insieme in un anomalo terzetto, ma quando Mr Dubois le fece cenno di salire sul fuoristrada parcheggiato al lato della via, considerò che era più grande e apparentemente più sicuro e che un canadese era meglio allenato di lei alla guida sul ghiaccio, così acconsentì. Si accomodò sul sedile posteriore, dietro a Emma, e provò a rilassarsi.

Svuotò i polmoni e inspirò lentamente, mentre lasciava scivolare gli occhi sui fianchi morbidi e compatti delle colline coperte di neve. C'era qualcosa di sensuale in quel paesaggio che si era addormentato scuro e si era svegliato chiaro, trasformato. Qualcosa che le era familiare e sconosciuto insieme, e le provocava un fremito nel respiro, tra il diaframma e la gola.

Anche se non era nata nello Hampshire, ma più su, nel più industrializzato Nottinghamshire, conosceva il Sud del Paese, lo aveva attraversato tante volte con la nonna o con la scuola. E oggi lo scopriva in una seconda vita che allora non avrebbe mai ipotizzato di vivere.

Overton, il villaggio poco più grande di Steventon, era un pugno di case in colori pastello e bowindow. L'agenzia faceva angolo con High Street, con la sua vetrina bombata e bordata d'oro sotto l'insegna presa probabilmente dall'antiquario di fronte. Era chiusa, ma, stando a quanto mostrava il cartello, avrebbe aperto da lì a quindici minuti.

"Faccio due passi," disse ai Dubois, che sembravano intenzionati a restare seduti in macchina.

S'incamminò lungo la via principale, tirandosi il cappuccio sulla testa e infilandosi i guanti. Al collo, la fidata macchina fotografica. C'era un *café* più avanti, una chiesa sullo sfondo, l'indicazione di un mulino o forse una distilleria. E poi pale accanto ai portoni, neve ammassata ai lati dei negozi, impronte di varie scarpe e misure sui marciapiedi, i sassi dell'acciottolato che occhieggiavano dall'incrostatura bianca. Era il set perfetto per un film sul Natale. Mancava poco più di una settimana al 25 dicembre e sotto lo strato di cipria ghiacciata s'intravedevano festoni, decorazioni, alberi, qualche pupazzo di Babbo Natale. Amelia trattenne le briglie dei pensieri. Sapeva che, se si fosse abbandonata ai ricordi natalizi in Inghilterra, non sarebbe più stata in grado di controllarne corso e durata. E non era la giornata giusta per farlo, ammesso che ce ne fosse una.

Mandò un WhatsApp a suo marito: "Stiamo andando in agenzia," scrisse. Un messaggio di nessuna utilità, se ne rendeva conto, ma che aveva il potere di connetterla al presente, evitando le cadute nel passato. Si soffermò sulla vetrina di una *bakery* che stava sfornando proprio in quel momento pane e cupcake, ciambelle e muffin. Ne fece riempire un vassoio e tornò sui suoi passi. L'aspettava l'agenzia, l'aspettavano i Dubois, l'aspettava Jane Austen. Più di tutti, l'aspettava AMM. Non l'avrebbe attesa per sempre.

15
Good Timing

"*I totally understand and you're definitely right, sir. That's unfortunate*," stava ammettendo Harris padre o forse figlio, quando Amelia raggiunse i Dubois che s'erano già accomodati, e senza di lei, sulle poltrone dell'agenzia. Una circostanza incresciosa, proseguì Mr Harris assumendosene subito tutta la responsabilità. Indossava un maglione a trecce fatto a mano, che si allargavano sulla pancia prominente. Senz'altro c'era stato un errore, una sovrapposizione nel calendario delle prenotazioni. Ora, quanto alla soluzione, andava trovata, disse, ma gli serviva qualche ora, non era cosa che potesse risolvere così, *on the spot*. Su due piedi. Potevano lor signori attendere? Era bel lieto di offrire lui la colazione al *café* accanto, così come di accollarsi eventuali costi extra della mattinata. Come volevano accordarsi? Si sarebbero rivisti lì oppure a Whitethorn? Come preferivano. Come preferivano?

"Ci avvisi quando ha risolto. E, se dovesse di nuovo cadere la linea telefonica, ci rivediamo tutti qui a mezzogiorno," propose Mr Dubois congedandosi con quel suo tono diretto e indisponente che Amelia aveva già avuto occasione di sperimentare.

Emma lo seguì all'istante, soltanto Amelia esitò giusto il tempo di stringere la mano umidiccia di Mr Harris, presentarsi e far notare come non le fosse proprio possibile lasciare il cottage, di certo la rivista avrebbe potuto rivalersi e soprattutto non avrebbe mai citato l'agenzia nell'articolo, o, peggio, ne avrebbe fatto una pessima recensione. Che peccato, concluse.

Mr Harris si scusò nuovamente, capiva e avrebbe fatto il possibile per accontentare tutti. Un errore può sempre capitare, e poi blaterò di piattaforme online automatizzate, algoritmi, ottimizzatori. E Amelia fuggì. I Dubois erano già in auto. Lei bussò sul finestrino che Mr Dubois abbassò, senza sporgersi.

"Io faccio un giro a piedi verso Steventon, dov'era la casa natale della Austen," gli annunciò.

"Con questo freddo? Si gela."

"Sì, ma preferisco stare fuori a fare foto. Mi scalderò camminando. Questi," aggiunse poi, porgendo il vassoio della panetteria, "sono per voi. Non possono competere con una Sponge Cake di compleanno, ma sembrano buoni. I migliori di tutta Overton," disse azzardando un mezzo sorriso. "Auguri, Emma."

"Le chiavi del cottage," replicò Dubois, afferrando il vassoio e bofonchiando un grazie sottovoce.

Amelia tentennò.

"Non la chiuderemo fuori, glielo prometto. Mi lasci il suo cellulare."

Si scambiarono i numeri e Dubois rialzò il finestrino e accese il motore per mettersi in marcia. Amelia intanto inviò un vocale a Sofia e scrisse una mail alla segretaria di redazione per informarle di ciò che era accaduto con la prenotazione, così che potessero intervenire. Non era lì in vacanza, lei. Era lì con un *assignment* preciso, a spese di altri e in rappresentanza di altri. Stava a loro decidere come procedere.

Poi inserì il navigatore sul telefono. Voleva raggiungere la canonica dove era nata la Austen lungo l'anello che, da Overton, approda a Steventon. Così almeno si era appuntata di fare, scaricando una cartina poco dettagliata ma suggestiva. Avrebbe preferito scattare con la sua Hasselblad vintage con il mirino a pozzetto, invece di quella ultratech che aveva al collo, ma non era adatta alla lunga camminata. La usava raramente ma se la portava sempre in viaggio, nello zaino. Era l'unica eredità tangibile di suo padre.

Respirò l'aria che ora non era più immobile: aveva preso vento e si era agitata, facendosi fresca e pungente. Cominciò la sua marcia verso sud. Si augurò che la neve non fosse così soffice da affondarci dentro con gli anfibi. Avrebbe costeggiato il fiume, incrociato una fattoria e addirittura una distilleria di gin, secondo la cartina. Se avesse avuto freddo, si sarebbe riscaldata con un goccio.

Una figura scura camminava svelta davanti a lei, sembrava intenzionata a fare lo stesso percorso. Pochi metri più avanti rallentò, come se la stesse aspettando. E Amelia colse l'occasione per immortalare quella silhouette nera contro il pendio bianco che da lì andava smorzandosi verso la vallata. Se non fosse stata così alta, sarebbe potuta appartenere a un elfo, tanto era sottile e rapida nei movimenti. Amelia allungò il passo. La sagoma si fermò sul ponticello e andò ingrandendosi nell'obiettivo. Emma?

"Emma!" chiamò ansimando, con il fumo sulle labbra.

"Vengo con lei, se me lo consente." Il sorriso della ragazza era dolce ma risoluto.

Procedettero insieme, appaiate, le suole che stridevano sul manto gelido e compatto.

"Grazie dei dolci," sussurrò a un tratto.

"Mi dispiace per la torta, Emma. Davvero. Al tuo posto, sarei molto arrabbiata."

"Per questo sono qui."

"Per dirmi quanto sei arrabbiata?"

"Per togliermela. Si fa così con la rabbia inutile."

Amelia ammutolì, colpita. Proseguirono in silenzio, tra le

anse del fiume abbacinanti nel loro candore trafitto dalla sterpaglia. "E così ti chiami Emma e sei appassionata di Jane Austen," riprese dopo un momento.

"Un destino."

"E un lavoro, a giudicare da stamattina."

"Sì, be'. Un impegno che continua a piacermi," ammise Emma, con uno dei suoi starnuti.

"È da tanto?"

"Tre anni."

"Che costanza."

"Già, non lo immaginavo quando ho aperto il mio primo account su IG."

AusTeen: il profilo social di Emma si chiamava così e contava oltre duecentomila follower su Instagram, e altrettanti su TikTok. C'erano video, travestimenti, consigli, viaggi e naturalmente letture. Aveva fondato anche un bookclub virtuale, che a Toronto era diventato reale, con incontri fissi in una tea room di Yorkville per leggere insieme davanti a una tazza di tè. C'era una lunga lista d'attesa, per essere ammessi.

"Ma come fai? Come riesci a studiare e a portare avanti tutto?" Amelia era sbalordita. Pensò a suo figlio Samuel, che a malapena riusciva a conciliare la scuola con il basket e le ripetizioni di matematica.

"Passione, un gruppetto di amiche fidate, qualche insegnante generosa. E mio padre che mi aiuta con le ricerche più difficili."

"Tuo padre?"

"Sì, è uno storico. O meglio, un professore di Storia all'università. Storia francese per lo più, Napoleone, Primo impero... quel periodo lì, soprattutto."

"Il periodo Regency in Inghilterra."

"Sì, con le dovute differenze."

"E quindi Jane Austen..."

"Da parte di mamma," spiegò Emma, abbassando la voce in un sussurro e irrigidendo le spalle in un respiro tutto a un tratto più corto.

"Anche lei insegnante?" Amelia continuò a parlare, nonostante quel ritrarsi sottile e subitaneo di Emma. Lo fece perché anche lei, alla parola mamma, sentiva il corpo e il cuore perdere un battito. Mai che quelle due sillabe si librassero nell'aria senza sfiorarla. Senza risvegliare lo stesso dolore di sempre, quel senso di impotenza che la prendeva da bambina tutte le volte che Isabel ripartiva dopo averle fatto visita a casa di nonna, come se lei non fosse abbastanza per trattenerla; oppure ogni volta che, appena arrivata, si spegneva in una delle sue emicranie, vanificando il loro tempo insieme. Qualcosa dentro di sé le disse che anche la ragazza stava misurandosi con lo stesso affanno: la mancanza. Molto probabilmente i suoi genitori erano separati, o la mamma l'avrebbe raggiunta ma non aveva potuto accompagnarla...

"Traduttrice."

"Insomma, sei cresciuta tra i libri. E ora fai la... Come si dice?" Amelia distolse il discorso dalla madre, non era il momento di indagare.

"Bookstagrammer. E booktoker."

"*Enchantée*," rispose Amelia, incespicando in un inchino. "Non so nulla della Austen."

"Non sei qui per un reportage su di lei?"

"Sui suoi luoghi. E per raccontare perché ragazze come te la venerano ancora oggi."

"Come non amarla?"

"Dimmelo tu." Amelia rubò un paio di foto al profilo assorto della ragazza. "Io non la conosco. Ho letto pochissimo a scuola e quel poco non mi ha entusiasmato. Tutte quelle descrizioni di balli, di tè, di faccende domestiche e batticuori, l'ossessione per le nozze e per le convenzioni. No, grazie. Non fa per me."

"Invece Jane ci parla ancora oggi, e meglio di tanti autori contemporanei che intendono dialogare con la mia generazione ma finiscono per raccontare solo di sé stessi e dei loro traumi, così come dei loro desideri. Non si propongono davvero di decifrare il nostro cuore... né ci aiutano a farlo."

Amelia ascoltava attenta e strabiliata la perorazione, mentre proseguivano più lente, appesantite nelle riflessioni e nei passi dai cumuli di neve che andavano sciogliendosi.

"Là," indicò d'un tratto Emma, levandosi il cappuccio, le gote arrossate dalla camminata e dall'eccitazione della scoperta. "Eccola!"

La cancellata si ergeva nera tra due ali di mattoni rossi che la difendevano, insieme al parco smisurato.

Vittoriana, poi georgiana, rimaneggiata e rimessa a nuovo tante volte quanti erano stati i suoi proprietari, le spiegò Emma, Ashe House era entrata nella mitologia austeniana. In un paio di lettere alla sorella Cassandra, la scrittrice lasciava intendere che lì avesse vissuto il suo primo flirt con tale Tom Lefroy, che vi aveva soggiornato per un breve periodo ospite della zia.

"Ashe House, capisci, Amelia?" la strattonò Emma prendendosi improvvisamente la confidenza di chiamarla per nome. Era emozionata, nonostante non potessero avvistare l'intera magione da dove si trovavano. "Fino a qualche mese fa era in vendita, ora non so," precisò saltellando.

Amelia fotografò quella coreografia inaspettata in una serie di scatti in sequenza. Non voleva perdersi nemmeno un istante di quella spontanea effervescenza in bianco e nero. Non sapeva quanto a lungo sarebbe durata. E nemmeno quanto poteva durare quella loro mutua confidenza.

La ragazza incollò gli occhi all'inferriata. Poi si ricompose, legandosi i capelli scompigliati in uno chignon, ed estrasse dal piumino gonfio un treppiede snodabile e allungabile, che piantò nella neve. Voleva fare una ripresa, disse, e condividere subito con i suoi follower l'esperienza. Poteva Amelia aspettarla? Poteva. E poteva Amelia aiutarla con l'inquadratura? Certo che poteva.

Si misero al lavoro, l'una davanti e l'altra dietro la fotocamera del cellulare. *Three, two, one*… I cirri ora transitavano veloci, sembravano fatti di schiuma e ripulivano il cielo, lasciandolo trasparente. Decisamente meno opaco delle lenti degli occhiali di Emma, che si appannavano a ogni frase.

"E se te li togliessi?" suggerì Amelia.

Emma li spinse invece sulla punta del naso. Sembrava una bambina che giocava a fare la nonna. Amelia strinse l'inquadratura in un primo piano e poi allargò a catturare le rose di ottone disegnate nella cancellata, le piante scolpite sotto la neve, il vialetto che si intuiva appena nel parco, sommerso dai fiocchi, la campagna che si stendeva piatta e remissiva tutt'intorno, ricamata appena dalle guglie delle chiese e dalle lapidi di pietra dei cimiteri. Forse si sarebbe innamorata anche lei se fosse capitata lì da ragazzina: c'era un incanto inatteso e inarrivabile in quel luogo che aveva resistito e poteva resistere ancora: all'inverno, al tempo, alla polvere, alla morte. All'amore.

16
Al bivio

"*Dad*," rispose Emma alla telefonata che frantumò la quiete. "Siamo ad Ashe! Come? Ah, ok. Va bene. A dopo." E poi, rivolta a Amelia: "L'agenzia ci aspetta tra mezz'ora".

Entrambe trattennero il fiato e le parole. Cosa avrebbero potuto dirsi?

Dubois le incrociò che procedevano l'una davanti all'altra: Emma in testa, scarmigliata ed energica, Amelia un passo dietro, con la macchina fotografica a tracolla.

Mr Harris era sulla soglia, le braccia conserte sopra il maglione dalle trecce deformate.

"Prego, prego. Accomodatevi," li invitò sussiegoso. Sfregò nervosamente i palmi delle mani. "Di nuovo mi scuso, purtroppo c'è stato un errore nel sistema digitale di prenotazioni, mio figlio pensava di aver caricato la sua prenotazione, Mr Dubois, e invece... A noi risulta, abbiamo tutte le sue mail, ma il software, ecco... le sue richieste sono finite nella scheda di Mrs Moss e della sua casa editrice," disse. "E quindi siete diventati una prenotazione unica, con lo stesso codice. Ora, capite bene che siamo sotto Natale, e che tra oggi e domani si terrà un meeting di studiosi austeniani, le *accommodations* sono tutte *fully booked*. Ho... abbiamo trovato una camera disponibile in hotel. Una suite. Archie?" chiamò.

Intanto, la fronte di Dubois si era incrinata nel mezzo. Con le labbra serrate in una diga, fissava Mr Harris, pronto a esondare.

Un ragazzo, avrà avuto vent'anni, si affacciò dalla stanza adiacente, il ciuffo incollato sulla fronte.

"Mio figlio Archibald," lo presentò Mr Harris.

"Harris&Son," ironizzò Amelia per spezzare la tensione, senza riuscirci.

"Archie, puoi illustrare ai signori Dubois e alla signora Moss la soluzione che abbiamo pensato per loro?"

"Purtroppo, purtroppo non c'è... una stanza per questa notte in tutta la contea, ma-ma-ma," balbettò il ragazzo, "ma da domani e sino al 22 dicembre Oakley Hall ha una suite per voi," concluse rapido e paonazzo, aggiustandosi gli occhiali sul naso.

"Per voi signori Dubois," completò Mr Harris. "E resta inteso che l'hotel è tutto a spese nostre, colazioni e cene comprese."

Amelia abbassò lo sguardo sugli anfibi inzaccherati. Aveva vinto.

"L'unica difficoltà è..." Archie anticipò suo padre.

"L'unica difficoltà, come dice Archie, è il pernottamento di oggi, 16 dicembre," Mr Harris gli strappò la parola. "Per stanotte, ci sono due alternative: una camera in B&B, a pochi chilometri a nord da qui, oppure... Oppure restare a Whitethorn, se trovate un accordo con la signora Moss, in attesa di spostarvi in albergo domani fino al 22 dicembre," concluse tamburellando con le dita sulla scrivania.

"E queste le chiama soluzioni?" proruppe Dubois. "Sono problemi grandi, grandissimi. Mia figlia e io siamo venuti appositamente dal Canada, progettando nel dettaglio questo soggiorno nel cottage che abbiamo scelto dal suo sito, tra centinaia di altri, e per un'occasione speciale come il suo diciottesimo compleanno. Senza contare che mia figlia è una

Austen-influencer tra le più importanti al mondo. E Whitethorn è stata scelta e annunciata come location per le sue riprese!" Il tono di voce si era alzato a ogni sillaba. "Quindi, Mr Harris, non sappiamo cosa farcene della sua camera in un anonimo hotel di periferia. Lei sta compromettendo non una vacanza qualunque – e non sarebbe comunque giustificabile – ma un viaggio e un momento speciale nella vita di questa giovane donna. Non possiamo accettare la sua proposta," concluse furioso.

L'ufficio precipitò nel silenzio, scandito dalle suonerie di telefoni a cui né Mr Harris né Archie osarono rispondere.

"Capisco la sua frustrazione," esordì dopo un momento di panico Mr Harris, tormentando le trecce del maglione con le dita sudaticce, "ma davvero non saprei dove altro sistemarvi. E l'albergo non è per nulla anonimo, è una dimora storica ed esclusiva dove la Austen andava a ballare... Posso provare a prenotare due stanze invece di un'unica suite, o vedere se riesco a farvi fare qualche notte in un cottage, ma tutto il periodo? Tra gli studiosi della Austen, i proprietari che arrivano per le feste natalizie e chi come voi è qui in vacanza, non c'è una casa libera in questo fazzoletto di Hampshire, almeno non di quelle di cui io posso disporre," ammise sconsolato. "Posso restituirvi tutta la cifra che avete già versato, nel caso trovaste un'altra sistemazione, naturalmente."

"Papà," Emma posò la mano sul ginocchio di suo padre quasi a trattenerlo, prima che lui di nuovo sbottasse. "L'importante è che siamo insieme, lo sai," mormorò, tentando di suonare rassicurante, ma le lacrime avevano già superato il margine delle ciglia.

Amelia la guardò, sentendosi di punto in bianco colpevole. Nella testa, volteggiavano le raccomandazioni di suo marito. Sapeva cosa le avrebbe detto, se fosse stato lì: non farti prendere dall'empatia, sei sempre troppo disponibile con tutti, ci metti troppo cuore, non sei razionale. E ancora: pensa a te stessa, sii più egoista, non farti da parte. Persino Samuel le avrebbe raccomandato di non fare le sue solite "inglesate", ovvero quelle stranezze che lui attribuiva alla metà made in England di sua madre. È un'inglesata di mamma, diceva della limonata che lei preparava quando gli amici lo venivano a trovare, delle uova sode che lei gli metteva nello zaino di scuola, della tisana con il Rochester Ginger per il raffreddore o del Cherry Berry per l'insonnia e l'ansia prima dei compiti in classe. Erano inglesate anche la passione per i cappelli o il canottaggio, le lezioni di arpa celtica e l'abitudine di portarsi le bustine di tè sempre in borsa. E poi i saluti. Amelia non era capace di dare i baci sulla guancia all'italiana agli amici o ai parenti. Li evitava, così come non amava i pranzi e le riunioni di famiglia, si dava spesso malata. Ma piangeva al cinema, davanti alla tv o un buon libro. Si commuoveva per un nonnulla. Era, secondo suo figlio, la mamma più piagnona del mondo.

Infatti, si commosse: gli occhi umettati di Emma, la sua mano a cercare il papà, il compleanno guastato. Se fosse stata sua figlia? Se fosse accaduto a Sam?

Per un attimo ripensò a Tiano, al suo papà italiano. Amelia portava il suo cognome con orgoglio, era medaglia e insieme coperta. Padre e figlia ce l'avevano fatta, trovando l'amore e l'intesa nelle piccole pieghe delle noie quotidiane: il latte che esondava dal pentolino a colazione, il girotondo delle x nei compiti di algebra la sera, le lezioni di pianoforte alle quali lui l'accompagnava aspettandola pazientemente dietro la porta, lo shopping pazzo del sabato pomeriggio, quando sua madre si chiudeva in camera con i suoi famigerati mal di testa, i tuffi alle calette delle Batterie al Circeo... Quanto valeva l'amore di un padre per una figlia?

"Se posso," cominciò, giocherellando con il braccialetto che aveva al polso. Dubois la fulminò con un'occhiata, Harris la beatificò all'istante. "Posso? Sto pensando che questa sera potreste fermarvi a Whitethorn e festeggiare come previsto," propose, "e intanto riflettere con calma su cosa sia meglio fare nei prossimi giorni. E magari Mr Harris potrebbe fare un'ulteriore ricerca."

"Mi pare sensato," reagì all'istante l'agente.

Archie fece un cenno a conferma che gli sembrava una buona idea. Emma si voltò verso di lei, pallida, e starnutì. "Potrei avere qualcosa di caldo?" domandò.

"Tutto quello che vuoi, amore," rispose suo padre.

"E possiamo restare a Whitethorn stasera?"

Dubois annuì e la tranquillizzò, poi sollevò momentaneamente lo sguardo grigio su Amelia, stirando le labbra in uno stentato sorriso di ringraziamento.

E lei temette di aver fatto, ancora una volta, un'inglesata delle sue.

17
Winterlude

"Come è andato il compito in classe?" esordì Amelia al telefono con suo figlio.

"Normale."

"Normale bene o normale male?"

"Dai mummia, che ne so."

"Programmi per oggi?"

"Papà mi porta a Milano con lui e stasera ceniamo dalla nonna."

"Niente shopping fino ai saldi."

"Tranqui, tanto poi compro tutto a Londra."

"E con quali sterline?"

"Le tue, ovvio. Ma andiamo a Stonehenge?"

"Yes, vi vengo a prendere in aeroporto e andiamo. Se non nevica. Stanotte ne è scesa parecchia, è tutto bianco."

"Top."

Top. Sì, forse. Amelia si guardò intorno, stava di nuovo rannuvolandosi. Concluse la telefonata e si decise a entrare nel pub dove i Dubois la aspettavano per pranzare, a spese dell'agenzia. Passò in mezzo ai tavoli verso l'ultimo accanto alla finestra. Colse brandelli di conversazione, esclamazioni, imprecazioni. Era a casa. Glielo dicevano gli aromi dei piatti e l'odore dei tappeti, il ritmo dei movimenti in sala, i tintinnii delle posate, i colori delle tovaglie e della tappezzeria. E il menu, che scorse velocemente prima di ordinare pesce impanato e sidro della Cornovaglia. Con patatine fritte, ovvio. Sì, casa. Anche se sedeva con due semisconosciuti ai quali aveva offerto ospitalità per una, anzi due notti.

"Pare che qui organizzino pure l'*afternoon tea*," disse a Emma mentre aspettavano *fish and chips*.

"Ho già prenotato un tè dopo la visita della casa-museo di Jane Austen a Chawton, oggi pomeriggio," rispose sicura la ragazza.

Il padre intanto teneva gli occhi sul piatto o sul cellulare. Non sembrava intenzionato a fare conversazione.

"Un bellissimo regalo di compleanno," commentò Amelia.

"Di papà."

"E anche di mamma," intervenne asciutto Mr Dubois, senza sollevare lo sguardo.

Emma stropicciò il tovagliolo, piegandolo e spiegandolo.

"Sarà memorabile, vedrai," la incoraggiò Amelia. "È una vita che non mi concedo un autentico tè all'inglese. Chissà invece tu quanti ne hai bevuti."

"Pochissimi in Inghilterra, molti in Canada."

"Da bambina andavo matta per gli *scones*. Mia nonna me li preparava la domenica. Aveva una ricetta speciale, anzi la ricetta delle ricette, quella di Queen Elizabeth. Non so se fosse autentica o meno, ma nonna Amy preparava questi *scones* burrosissimi. D'estate, quando venivo a trovarla, mi portavo la Nutella dall'Italia e ce la spalmavo sopra. Devo trovare il quaderno che usava in cucina, sarà in qualche scatolone… Non li ho mai preparati se non con lei. Era il nostro modo di passare il pomeriggio. La nonna aveva un tavolino basso sotto la finestra, con due poltroncine imbottite. Erano gialle, giallo senape. Io apparecchiavo con le tazze di porcellana blu che teneva nella vetrinetta, quelle delle occasioni speciali. Credo fossero un regalo di nozze, insieme alla teiera d'argento.

Pensavo fosse argento allora, più probabilmente era peltro, non so. E i tovaglioli bianchi ricamati. Ne aveva ricamato uno apposta per me, con le mie iniziali…" si bloccò per prendere fiato. "Scusatemi, sto parlando troppo," si giustificò Amelia, le guance in fiamme. Colpa del sidro, del caldo nel locale, dei ricordi che le circolavano sottopelle.

Per fortuna arrivarono le ordinazioni a toglierla dall'imbarazzo.

Pochi – e buoni – commenti sul cibo, qualche osservazione sul tempo, nessun riferimento all'agenzia o a Whitethorn dove Amelia non vedeva l'ora di tornare. Voleva rimettersi a leggere accanto al camino, possibilmente lontano dai silenzi ingombranti di Mr Dubois.

Così fece, non appena tornarono al cottage. Si barricò in biblioteca, accese il camino e si rifugiò tra i fiori rossi della poltrona, romanzo alla mano:

"*Effettivamente il signor Knightley era uno dei pochi capaci di scorgere difetti in Emma Woodhouse, e l'unico che con lei avesse mai toccato l'argomento; e benché per Emma la cosa non fosse particolarmente piacevole, sapeva che ancor meno lo sarebbe stato per il padre, e non avrebbe mai voluto che in lui sorgesse il sospetto che esistesse qualcuno che non la riteneva perfetta*".

Amelia non riusciva a proseguire nella lettura senza sovrapporre la Emma del romanzo e la canadese che aveva bussato alla sua porta la notte prima. Se la protagonista doveva avere una faccia, tanto valeva che fosse quella reale della ragazza che sentiva muoversi nella stanza accanto e che a breve si sarebbe preparata per la visita a Chawton, alla casa di Jane Austen e al tè pomeridiano.

Si augurò che Emma Dubois sapesse di non essere perfetta né ambisse a esserlo. Non c'è nulla di peggio che scontrarsi con i propri difetti quando non si vuole averne. E non c'è nessuno più triste di chi insegue la perfezione, non solo perché non esiste, ma perché la smania di trovarla stermina ogni possibilità di essere felici.

Questo Amelia l'aveva capito da adulta. Da teenager, avrebbe fatto di tutto pur di non essere quella che era. Perché lei era difettata dalla nascita: senza un padre, con una madre che stava più fuori che a casa, a inseguire le sue velleità artistiche e i suoi amori, una nonna vedova e un cane per amico. E poi le lentiggini, i capelli rossi, quella sua mente che correva avanti e indietro e non stava mai ferma. Irrequieta, distratta, sognatrice, la descrivevano così le sue maestre a scuola, e lei *era* così, ma ora sapeva che non erano imperfezioni, le sue. Erano il suo modo di stare al mondo. Oggi... si considerava una donna tutto sommato soddisfatta, nonostante la sua impossibilità di credere fino in fondo a qualcuno, e di fidarsi. Certo, negli ultimi anni le erano mancati il lavoro, l'eccitazione di quella danza a due con la macchina fotografica sulla pancia, la sfida di un reportage da costruire da zero e il brivido di poterlo fare tutto da sola, ma aveva ricevuto in cambio la sicurezza di una famiglia che l'aspettava per fare casa insieme. Era la ricompensa per aver rinunciato a... No, non aveva rinunciato, si disse. Non era stato un sacrificio, il suo. Era stata una scelta ponderata. Necessaria? Fissò le fiamme che ballavano sul braciere, libere di trovare il loro posto nel camino. Era ancora in tempo per tutto. Forse anche per la felicità, a modo suo.

18
Fuori strada

Aveva deciso di uscire e restare fuori fino a cena. Preferiva lasciare un po' di privacy ai Dubois, che dopo Chawton sarebbero rientrati, e comunque era curiosa di vedere cosa potevano offrirle i dintorni di Steventon, oltre a Jane Austen. Si era informata e sapeva che il minuscolo villaggio non ospitava che poche centinaia di persone, che triplicavano a Natale per via di tutti coloro che sceglievano di trascorrere le festività nell'atmosfera senza tempo dello Hampshire, ma tanto valeva fare una ricognizione, se non altro per capire cosa ci fosse intorno a Whitethorn. E a lei.

Infilò le chiavi nella *red box* per i canadesi, rimosse la neve dal cofano e dal tetto della Mini e poi ci si buttò dentro, mettendo il riscaldamento a palla. Mancava un'ora al tramonto, forse meno.

Accese la radio. "*Christmas songs, what else?*" La speaker spiegò perché il 21 dicembre ormai prossimo era considerato il giorno più romantico dell'anno, almeno in Inghilterra. Amelia s'incuriosì e alzò il volume: con duemila e trecentottanta luci che illuminano la capitale, la musica per le strade, la cioccolata calda tra le mani e i cuori in attesa delle feste, il periodo di Natale pare essere il più ambito per le proposte di matrimonio e il 21 è la data in cui se ne registra il maggior numero, secondo le statistiche. Bah.

Le sarebbe piaciuto sposarsi d'inverno? Non ci aveva mai pensato, lei e Matteo avevano celebrato le loro nozze in un giorno di aprile qualunque, il primo libero nel comune di Broni. Pochi invitati, Samuel che reggeva gli anelli e la suocera che reggeva lui non ancora quattrenne, il pranzo allestito nel giardino di quella che poi sarebbe diventata casa loro ma ai tempi apparteneva ancora ai genitori di suo marito, gli alberi di pesco e i meli che fiorivano, il prato rasato "all'inglese", il gazebo dove suonava la band e una pista di legno dove ballare qualche lento e i revival degli anni ottanta e novanta. E poi sua madre e papà Tiano di nuovo insieme, sebbene solo per poche ore.

Era il 14 aprile di nove anni prima, di lì a qualche mese lei e Matteo avrebbero celebrato il loro decimo anniversario. Come ce l'avevano fatta? *Day by day every day*, l'amore si conserva così, giorno per giorno tutti i giorni. Glielo aveva detto la nonna, che aveva amato il nonno tutta la vita e non si era mai più risposata, nonostante fosse rimasta vedova prima di compiere cinquant'anni, quando lui aveva scelto di tornare nella sua Irlanda a combattere per l'indipendenza e la libertà. Ma Amelia non era sicura che l'amore bastasse. Servivano dosi – e non poche – di pazienza, abnegazione, spirito di squadra e sano opportunismo. Più la passione, quando c'era.

La strada era sgombra, la neve ai margini era inzaccherata come l'orlo fradicio di una gonna, e lei aveva voglia di partire, senza una meta. Voleva solo guidare, muoversi verso qualcosa che poteva entusiasmarla o forse no, sorprenderla o deluderla, eccitarla o deprimerla. Qualcosa di imprevedibile. Quanto le era mancato viaggiare da sola!

Dopo un paio di curve, la strada premeva a sinistra, verso la chiesa e il grappolo di abitazioni appese alla branca della via principale; sulla destra invece c'era il tralcio solitario di un viottolo sterrato che conduceva ai limiti di un bosco. Sarebbe stato un buon posto per fotografare l'imbrunire, se il cielo non fosse stato così gonfio di nubi. Segnò in una riga della mente di tornarci.

Optò per il paesucolo e svoltò, dirigendosi verso una vecchia cabina telefonica rossa, con un nugolo di persone intorno, per lo più donne. Che ci facevano lì? Parcheggiò nello spiazzo appena più avanti e si avviò curiosa per scoprire che la cabina era in realtà una piccola libreria, o meglio una *swap box*, dove si potevano scambiare libri e informazioni. E marcava il punto esatto in cui era sorto il rettorato dove la Austen era nata e cresciuta quando suo padre era il reverendo della vicina parrocchia di St. Nicholas. Bingo!

Si intrufolò tra i presenti, cercando volti, voci e storie che potessero diventare per lei possibili testimoni dell'Austenmania. Due amiche attempate l'attrassero in particolare, e non per il loro aspetto, quanto per la reciproca confidenza che spillava dai loro gesti e dalle loro risate. Sembravano divertirsi in quei pochi metri di nulla. E poi c'era un uomo poco più in là, avvolto dentro un cappotto verde, che oscillava da un piede all'altro. Infine, c'era un gruppetto in costume: redingote, pizzi, mantelle, galosce, cuffie e gonne fino a terra. Figuranti? Amelia cominciò a scattare, e a chiedere le liberatorie per la pubblicazione. Solo l'uomo con il cappotto si negò, con un gesto cortese della mano.

"Un libro da prendere e un libro da lasciare," ripeteva intanto il ragazzo accanto alla cabina, evidentemente incaricato di prendersene cura. Lo disse anche a Amelia, quando lei si avvicinò per domandargli il permesso di fotografarlo. Lo riconobbe.

"Harris&Son, vero?"

"Oh sì, buonasera," tentennò Archie, sistemandosi gli occhiali.

"Secondo lavoro?"

"Passione."

"Non ho un libro da prendere né uno da lasciare. Faccio solo foto ma sto leggendo *Emma*. Vale?"

"*Metà del mondo non capisce i piaceri dell'altra metà*," citò il ragazzo, avvampando e di nuovo tormentando gli occhiali semiappannati. "*Emma*, capitolo 9," specificò.

"Qui citate tutti la Austen a memoria?"

"Altrimenti niente residenza. Facciamo tutti un test all'anagrafe," scherzò lui, ridacchiando.

Amelia si infilò nella cabina, zeppa di libri e di dichiarazioni d'amore per l'autrice.

"Vieni," disse a Archie, che indossava una cappa scura. "Mettiti qui, così. Di spalle," lo pregò. "Mi piacerebbe intervistarti uno di questi giorni."

"Io? E perché?"

"Perché sei giovane e conosci la Austen, e passi le tue giornate tra i suoi fan."

"Non sono l'unico."

"Ma sei l'unico che conosco."

"Charles, Marianne..." Archie chiamò un paio di coetanei, che gironzolavano abbigliati in stile Regency. "Loro organizzano tour nei luoghi di Jane," le spiegò, presentandoglieli.

"Ma quanti siete?"

"Parecchi, tra qui e Chawton, Winchester e Bath," rispose svelta Marianne, i boccoli biondi che spuntavano dalla cuffietta di lana chiara, legata sotto il mento.

"Devo, e dico *devo*, parlare con voi," esclamò altrettanto lesta Amelia, raccontando di sé e del suo reportage.

"Venga con noi stasera. Archie?"

"Oh, ecco... Non so se..." Archie allargò le braccia, titubante.

"Alla taverna," continuò sicura Marianne, facendo cenno in direzione nord con il guanto di velluto. "Tra mezz'ora saremo tutti lì, è il nostro ritrovo prenatalizio. Avremo tempo di chiacchierare, tra una birra e l'altra. E qualche giro di Boulanger."

Amelia la guardò interrogativa.

"Il ballo di Jane," intervenne Charles, accennando un ironico baciamano.

A quanto pareva, aveva un programma per la serata. E il *timing* non poteva essere più perfetto.

19

Dance, Dance

Il brusìo del locale la stordì subito: le parole facevano le capriole da un tavolo all'altro nell'aria già satura di musica, insieme allo scampanellare di piatti e boccali e al frusciare ininterrotto della spillatrice di birra. La taverna era un andirivieni di camerieri e baristi, avventori e musicisti. Solo la cassiera bionda e popputa restava immobile al suo posto, come la polena di una nave che imbarcava, in quel caso, onde di confusione buona e quasi confortante.

"Siamo di sopra?" le domandò Marianne, capitanando il piccolo gruppetto di amici di Jane Austen al quale Amelia si era unita per caso, curiosità e dovere, oltre che per il freddo che la stava tormentando sotto il parka e dentro gli anfibi. Doveva acclimatarsi all'Inghilterra. *There is no bad weather, only bad clothing*, l'avrebbe ammonita la nonna. E, come sempre, avrebbe avuto ragione. Non si era coperta a sufficienza quella sera, aveva sbagliato abbigliamento.

La sala al piano superiore era meno affollata, ma non meno rumorosa. A ogni passo, il pavimento di legno dava il suo contributo al ritmo generale. Amelia e i ragazzi presero posto a uno dei lunghi tavoli centrali, i *social tables* ai quali chiunque poteva unirsi, purché avesse una pinta di birra in mano.

"Il primo giro è mio," annunciò Amelia, con la sicumera

dell'unico adulto della tavolata. Aveva mandato un vocale a suo marito per riassumere gli avvenimenti della giornata e ora poteva finalmente rilassarsi. Certo, doveva lavorare, ma una birra non le sarebbe stata d'ostacolo, anzi.

Così, tra un sorso e l'altro, raccolse le testimonianze di Marianne, già Bachelor of Arts in Letteratura inglese e fondatrice di All that JAZ, l'agenzia di tour letterari, in attesa di scrivere il suo primo bestseller; di Charles, guida e mountain biker; e di Archie e del suo progetto Bed&Books, ovvero una rete di librerie con annesse stanze in B&B per dormire tra i libri.

E poi arrivarono Jane, Lydia, Frederick: tutti avevano letto i romanzi della Austen e tutti la amavano senza esitazione, infilando le sue citazioni nella conversazione sui temi più disparati, dal maltempo alla noia, dai film alla musica, dall'amicizia al matrimonio, passando naturalmente per l'amore. E qui, sul sentimento dei sentimenti, Amelia sprofondò di nuovo nella perplessità. Come potevano loro, i nativi digitali della Gen Z, riconoscersi nelle passioni descritte da una autrice vissuta tra il Sette e l'Ottocento? L'accorata spiegazione di Emma le era piaciuta ma non le era bastata. E qui c'era un'intera compagnia di *young adults* pronti a tirarla dalla loro parte.

"Ma l'amore è l'amore in ogni epoca," la strattonò Marianne con le guance infuocate.

"Ma la passione ha sempre la stessa formula," saltò su Frederick.

"Ma le protagoniste della Austen sono più moderne di me, sono come me!" analizzò Jane.

"Ma il cuore è il cuore, in ogni generazione," precisò Archie.

"Se una donna non ha incontrato il suo Mr Darcy, non sa cos'è l'amore," chiosò Lydia con aria saputa, prima di ordinare un secondo giro di birre.

Amelia, tutto questo amore, tutto questo romanticismo, non lo aveva mai desiderato né inseguito. E nemmeno vissuto... O forse, invece... Di colpo si sentì bugiarda. Sì, disonesta con sé stessa. Con Sergio c'era stato tutto quanto, anche le promesse. Peccato che fossero mancate. Pensò a come lui l'avesse coinvolta e desiderata, a come avesse assediato le sue difese fino a convincerla ad abbatterle. E poi, a quanto – una volta che lei si era disarmata – l'avesse malamente e ripetutamente ingannata. Tradendo lei, il loro amore, e la fiducia che Amelia aveva racimolato, insieme al coraggio di amare.

Al piano di sotto, la band aveva iniziato a suonare. E no, la musica non era né rock né pop, ma folk. E pure un po' datata, nonna Amy ne avrebbe riconosciuto brani e strofe, e probabilmente anche la bisnonna. Il gruppetto la trascinò e lei si lasciò trascinare. Li seguì con il mirino della macchina fotografica, l'obiettivo puntato su quelle figure d'antan, che si muovevano in coppia e in formazione, sulle note di un vecchio motivetto campestre con lo smartphone in tasca. Passato e presente – ma pure il futuro – sembravano essersi dati appuntamento in quella sala illuminata, che scaldava il buio freddo dello Hampshire appollaiato fuori sopra gli stipiti delle finestre, accendendo un passo di danza dopo l'altro, come cerini nella notte.

Improvvisamente Amelia ebbe ancora vent'anni e tutto il tempo del mondo per scegliere e per scegliersi. Ebbe il suo carnet di balli da riempire, come le aveva bisbigliato Lydia poco prima, così come il cuore, la testa, l'utero. Essere nuova di nuovo, con un incantesimo. Pungersi per la prima volta con i rami di biancospino come nelle fiabe, sanguinare, guarire e sanguinare ancora. *Repeat*. Un balzo a destra, un altro, ancora. Saltellare sul posto. Ora a sinistra, via, un giro e di nuovo una serie di balzi. *Leap*. Si ritrovò a fare giravolte e stringere le mani di ragazzi che potevano essere i suoi figli, e invece lì erano suoi pari. Si sforzò di tenere il ritmo col presente, di ricordarsi chi era. *Dance. Knees and toes, and mouth and nose*… bocca e naso, com'era quella filastrocca che aveva canticchiato tante volte? *Head, shoulders, knees and toes*… Testa, spalle, ginocchia... Giusto? Chi c'era con lei quando l'aveva imparata? *Turn right, now rest.* A destra, al centro. Di corsa. Ora a sinistra. *Turn left.* Un balzo veloce. Ancora, via. *Jump. Jump. Jump!*

Amelia saltò. E poi gridò. Ahia, la caviglia! No, non poteva ruotarla. Le faceva male. Molto male. Sì, doveva sedersi. Sì, le serviva del ghiaccio. No, niente dottore. Ah, Frederick studiava fisioterapia? Una distorsione addirittura? No, no, no. *Fuck.* Si accasciò sulla sedia come una bambola di pezza. Odiava aver bisogno di aiuto, non sapeva come chiederlo e non voleva. Quelle poche volte che l'aveva fatto, si era ritrovata a mani vuote e aveva dovuto cavarsela da sola, riempiendole da sé. E ora, come potevano confortarla quei... ragazzini che le roteavano intorno?

La cassiera le si avvicinò con la borsa del ghiaccio, Frederick le sollevò la gamba e la poggiò su uno sgabello, infine sciolse una bustina di blando antidolorifico in un bicchiere.

"Ne porto una bustina sempre con me, *just in case. And this is the case*," le spiegò premuroso, sotto lo sguardo attento della polena e di Archie, che sovrintendeva al suo salvataggio.

Amelia invece pensò al reportage, alla sua medaglia di latta che le stava scivolando giù dal collo per cadere, come lei, nella neve macchiata di fango. Non avrebbe potuto fare le foto, non avrebbe potuto inseguire le storie, sarebbe stata costretta a letto, avrebbe dovuto allertare Sofia che non le avrebbe dato una seconda possibilità e... sarebbe tornata a casa, nell'Oltrepò, a fare la mamma, la moglie e le sue stupide inglesate. A Broni, sarebbe stata lontana da tutto, da Milano, da Londra e da qualunque altra città dove accadevano i fatti di cui lei avrebbe desiderato essere parte, di cui era stata parte. Non avesse avuto quarantasei, anzi quarantasette anni appena compiuti, si sarebbe messa a piangere. Invece bevve la pozione di Frederick e lo ringraziò sorridendo rassicurante.

Del resto, ricacciare le lacrime dietro le palpebre e spremerle in un sorriso è qualcosa che impari in fretta quando fai un figlio, perché "il grande" a quel punto sei tu. E i grandi non piangono, se non selezionando dosi e occasioni. Gliel'aveva ripetuto per giorni sua suocera, dopo che Amelia aveva partorito e girava per casa piangendo di paura, stanchezza, gioia. "Sei una madre, adesso," le aveva detto, come se la maternità fosse un filtro, un colino per setacciare le emozioni e presentarle distillate e ristrette in un contagocce. Regolabili e soprattutto quantificabili: due gocce di ansia, una di frustrazione, tre di nervosismo, due di esaltazione e una di gratitudine ogni giorno, secondo la posologia.

Sospirò, controllando la sua caviglia sinistra. Di quali e quante goccine avrebbe avuto bisogno adesso?

20
Never Ever

L'accompagnò Archie a Whitethorn, guidando ansioso la Mini color tundra lungo le strade strette e contorte, sotto la luce della luna che retroilluminava le poche nubi rimaste appese nello schermo spento del cielo. Non avesse avuto quel dolore pulsante alla caviglia, sarebbe rimasta anche lei appesa con il cuore a quel paesaggio che l'ammaliava a ogni metro e scavava posto dentro di lei per una nostalgia dolce, filtrata dall'effetto retrò delle sue memorie e di quella serata stramba, trascorsa con giovani vestiti come i loro antenati, intenti a replicare un mondo scomparso eppure pronto a riaffiorare, come certi sogni.

Amelia sbuffò.

"Fa male?"

"Va già meglio," mentì. "Domani sarò di nuovo in piedi."

Archie annuì mentre procedeva prudente in direzione del cottage, il ciuffo spettinato sulla fronte chiara, cerea come le sue mani dalle dita lunghe. A differenza di suo padre, aveva lineamenti delicati e un portamento schivo ma interessante, quasi nobile. O forse era la cappa che portava addosso a cesellare in meglio la sua figura. Si chiese se avesse una *girlfriend*, se fosse innamorato e come si sentisse ora in quell'auto, accanto a una donna dell'età di sua madre. Ma pur sempre una femmina, e anche bella nonostante gli anni e l'ammaccatura, si disse compiaciuta.

Whitethorn sembrava disabitata, eccezion fatta per una chiazza luminosa nel salotto, forse un abat-jour che i Dubois avevano lasciato acceso prima di uscire a festeggiare.

Scese dalla Mini affidandosi alle spalle di Archie e i due si incamminarono cauti. Amelia, più di tutto, temeva di scivolare e di peggiorare la situazione, così si aggrappò stretta al ragazzo, che rovistò nella *red box* del cancello per recuperare le chiavi.

"Ed eccoci a casa," esclamò lui, spalancando la porta d'ingresso mentre non lasciava di sorreggerla.

"Vai piano, Archie, o devo chiamarti Lord Archibald? C'è il gradino qui, ed è buio," si lamentò lei, i loro visi all'improvviso vicini.

Amelia ridacchiò e spinse indietro la testa per allontanarsi da quella eccessiva intimità, ma barcollò e Archie l'abbracciò ancora più saldamente, tirandola a sé, mentre il salotto s'illuminava con un tempismo straordinario e inaspettato.

"*Welcome home*," li salutò Mr Dubois, sorprendendoli e fissandoli esterrefatto dal mezzo della stanza.

Archie tossicchiò paonazzo, mentre Amelia si sfilò gli anfibi e zampettò al suo fianco fino al tappeto e da lì a uno dei due divani, sul quale si buttò scomposta, la gamba sollevata e il parka ancora addosso.

"Una distorsione della ca-ca-caviglia," puntualizzò Archie, a testa bassa, "mentre ballavamo, alla ta-taverna."

"*Non è niente, solo un piccolo niente*," minimizzò Amelia, spogliandosi del giaccone per infilarsi sotto il caldo confortante del plaid.

"Frederick è qui fuori con la macchina, per riportarmi a casa," continuò Archie, consegnandole la chiave della Mini. "Dice che ha fissato per domattina alle dieci una lastra di controllo nell'ambulatorio dove lavora. È a Basingstoke. Vuole che la-la-la venga a prendere, Mrs Moss?"

"Vediamo come va domani. Grazie, Archie. E ringrazia Frederick da parte mia, e tutti gli altri per la bella serata."

"Preparo del ghiaccio prima di andarmene?" si offrì il ragazzo, gesticolando verso la cucina.

"Faccio io," s'intromise Dubois, intercettandolo bruscamente. "Buonanotte, Mr Harris," lo congedò spiccio spingendolo verso la porta.

"Non immaginavo di trovarvi a casa," osservò Amelia, quando Archie se ne fu andato.

"È stata una giornata lunga, e l'*afternoon tea* era così abbondante che credo non toccheremo cibo fino a Natale." Dubois mise in fila le parole con il tono asciutto di chi constata un dato statistico o spiega un teorema. "E comunque, Emma era stanca. Lei no, invece, a quanto pare," commentò sarcastico.

"Ho riserve extra di energia, le tengo per i reportage."

"Lo vuole, il ghiaccio?"

"Con whisky, grazie."

Dubois si allontanò scalzo e disinvolto, come se Whitethorn fosse casa sua e Amelia soltanto un'ospite, per di più problematica. Così lei si ravviò i capelli con le dita, sciogliendo la treccia ormai sfilacciata, e poi fregò i palmi delle mani l'uno contro l'altro, infine si massaggiò il viso: un'inglesata delle sue, utile per ricaricarsi e rimettersi al centro. Lo aveva imparato da un'insegnante di yoga a Goa, o forse no, in Nepal da una sciamana, o dal santone di Bali che le aveva punzecchiato i piedi con un bastoncino di legno... o forse dalla guida di Bangalore. Comunque ora quel gesto era suo, come la caviglia che continuava a dolerle. Si levò la calza e arrotolò i pantaloni per osservarla meglio. Non sembrava essersi gonfiata, per fortuna. Allungò le gambe sul divano, stendendosi. Era sfinita, ma non lo avrebbe mai ammesso. Almeno non con Dubois, il quale poco dopo tornò dalla cucina con quanto lei aveva richiesto, whisky compreso.

"E questo?" domandò sorpresa, puntellandosi sui gomiti.

"Dallo stesso fornitore della torta, delle bollicine, delle candeline... Premiata Ditta Dubois," replicò l'uomo accomodandosi sul divano di fronte a lei, anch'egli con un bicchiere in mano. "Male?" proseguì poi, indicando la caviglia.

"Sì," ammise Amelia, affogando la preoccupazione in un sorso di whisky.

"Confesso che sono curioso di sapere com'è finita a danzare in una taverna. E con un ventenne, per di più in costume, ma non voglio infierire, considerata la sua situazione."

"La ringrazio per questa sua... magnanimità? Ma stavo soltanto facendo il mio lavoro, inseguendo Jane Austen e quel che ne rimane qui a Steventon."

"Ballando?"

"Perché no? Lei non balla?"

Dubois rise, scuotendo la testa nella luce soffusa e aranciata dell'abat-jour, e Amelia non poté non considerare che quello di fronte a lei era un soggetto che meritava più di un'occhiata, e non solo perché era oggettivamente un bell'uomo, ma per la disinvoltura con cui si portava addosso la sua maturità, virile e composta allo stesso tempo. E aveva un bel sorriso, tagliato da una cicatrice sul labbro superiore che lo rendeva irregolare, in qualche modo attraente. Lo avrebbe immortalato volentieri in un ritratto in bianco e nero.

"Questa è una domanda da Miss Insolenza," rispose fissandola guardingo per un momento, prima di abbassare lo sguardo sul suo whisky.

Lei fece altrettanto, stupita da quell'improvvisa intimità d'occhi, e trangugiò il liquido ambrato che restava nel bicchiere, poi si avvoltolò meglio nel plaid. Il ghiaccio sulla caviglia le metteva il gelo in corpo e rabbrividì.

"L'aiuto a mettersi a letto," reagì Dubois perentorio.

Amelia esitò, ma il numero dei gradini che la separavano dalla stanza – diciannove, li aveva contati il giorno prima – la costrinse ad accettare suo malgrado l'offerta. Tentò di alzarsi da sola in un impeto di autonomia, ma finì per accucciarsi sul bracciolo, in attesa che lui intervenisse in suo soccorso.

"Mi dia il braccio. Su, così. Si appoggi a me." Dubois la trascinò sino alla balaustra, come se lei fosse una marionetta senza peso o, peggio, una ballerina sopra un carillon. Profumava di buono e di biblioteca: cuoio, fuoco e frassino incandescente.

Salirono in silenzio, i capelli di Amelia elettrici a contatto con la barba di lui, come scintille rosse.

Che ore erano? Lei non lo sapeva più e cominciò a misurare il tempo in respiri. Quanti ne mancavano per arrivare in cima alla scala? E quanti al termine di quella notte?

21
Once

E così sognò Sergio, la versione che aveva amato quindici anni prima. Lui la osservava spettinato e nudo tra le lenzuola, accanto a un segugio grigio dalle zampe grandi e gli occhi liquidi. La fissavano entrambi come se attendessero da lei un gesto o una risposta, ma lei non aveva né l'uno né l'altra. Stava in piedi tra il letto e la parete alle sue spalle e li fotografava con la sua Hasselblad, le cosce scoperte sotto il babydoll rosa bordato di pizzo. Lei era bionda, e con un taglio corto. Chiamò a sé il segugio e prese ad accarezzarlo sul muso e tra le orecchie argentee. Era il suo cane, ubbidiva a lei e non a Sergio, che restava in disparte, sprofondato tra i cuscini, e la stanza era chiusa, asfittica. Le mancò l'aria e aprì le tende per spalancare le finestre, ma dietro i tendaggi non c'erano vetri, solo muri. Non si poteva uscire. Qualcuno stava bussando ma lei non trovava la porta. E Sergio era sparito, ora c'era solo il cane, diventato in un momento un cucciolo che zampettava sul materasso. *What the hell...* Doveva andarsene da lì, ma come? Di nuovo una raffica di colpi alla porta.

"Amelia, Amelia," qualcuno la chiamò. E lei sussultò, svegliandosi finalmente.

Era nella sua camera a Whitethorn, England, dicembre

2024. Niente segugio né caschetto biondo, né uomini nel letto. Solo una ragazzina dietro la maniglia.

"Emma?"

"Sì, buongiorno. Sono quasi le nove e... hai bisogno di aiuto? Papà mi ha detto della caviglia."

Amelia si passò le mani sul viso, come se potesse lavarselo senz'acqua. Era frastornata, ancora presa dal sogno. Le nove? Ma quanto aveva dormito?

"Grazie sì, tutto bene. Ora provo ad alzarmi. Entra pure, è aperto."

Emma fece capolino da dietro la porta: prima le ciocche lunghe dei capelli, poi le lenti degli occhiali.

"Meno male che mi hai svegliato," continuò Amelia, stropicciandosi gli occhi.

"Papà dice che alle dieci hai un appuntamento per la lastra."

"Non credo sia necessaria," replicò scoprendo la caviglia da sotto il piumone. Era livida, ma non gonfia. Non troppo almeno, ma quando tentò di alzarsi in piedi, gemette dal dolore e si costrinse ad ammettere che forse avrebbe fatto bene a controllarla. Le riaffiorò, per un attimo, il ricordo del ramo dell'albero, della costola rotta, del polso, del muso macchiato di Agor, delle braccia della nonna...

"Mi vesto. Tu stai bene? Com'è andato l'*afternoon tea*? E il compleanno?"

"Deliziosissimo. E la casa-museo di Jane, a Chawton, è una scoperta. Mi sono seduta sul suo divano, quello originale. E poi lo scrittoio. Ma sai che era così piccolo perché lei lo voleva portatile? Era, come dire, il suo... tablet?! e lo posizionava dove preferiva scrivere. Che poi lei riusciva a lavorare e concentrarsi ovunque. Se pensi a tutte le case dove ha abitato: qui, a Bath, Londra, Winchester... Era già una di noi, una nomade digitale!"

"*Ante litteram*," precisò Amelia.

Emma continuò, sull'onda dell'entusiasmo: "Non vedo l'ora di andare a Bath. Tu no?".

No. Cioè sì, doveva andarci, *for sure*. Ma con quella caviglia? Dopo che Emma si fu eclissata, Amelia si raggomitolò nel letto affranta e chiamò suo marito per aggiornarlo. Matteo era l'unico che poteva rimetterla letteralmente in piedi, con la sua razionalità. Aveva uno schema per tutto e affrontava l'esistenza con la bussola sempre in tasca, pronto a orientarsi tra problemi, contrattempi, difficoltà, prove, disastri. Lei invece procedeva a tentativi ed emozioni. Sapeva programmare solo i viaggi, e talvolta neppure quelli; nella quotidianità, si affidava al caso e all'universo, convinta che no, non si potesse prevedere nulla, e che la vita consistesse soprattutto di sorprese, belle o brutte. Lei era una montagna russa di alti e bassi, lui un binario piatto e dritto nel tracciato dei giorni. Non era stato amore a prima vista il loro, tutt'altro. Avevano faticato a trovare un'intesa. Eppure erano ancora insieme dopo oltre quattordici anni, un figlio, innumerevoli litigi, multiple incomprensioni, abbracci di riconciliazione e sforzi per capirsi meglio, accettarsi, talvolta arrendersi l'uno ai difetti dell'altra, oltre che ai propri.

Anche quella mattina, Matteo riuscì a calmarla: sì alla lastra; procurati una stampella; trovati un autista; concentrati prima sui ritratti, le foto in viaggio le faremo insieme; arnica; e lasciati aiutare. Già, come se non sapesse che lei non ne era capace.

Infatti tentò di raggiungere autonomamente il piano di sotto. Si sedette e si lasciò scivolare di gradino in gradino, puntellandosi sulle mani come una bambina, le tasche posteriori dei jeans che strisciavano sul legno della scala.

"Pilates, suppongo," Dubois la salutò dal basso del salotto, beffardo nel suo dolcevita color cammello. Poi le andò incontro, offrendole la mano.

“Non vorrà interrompere il mio allenamento,” ironizzò Amelia, restando ostinatamente seduta sui gradini.

“Immagino non vorrà nemmeno fare colazione, allora.”

“Potrei mai privare la Premiata Ditta Dubois dell’opportunità di sfoggiare le sue prelibatezze?”

“Il celebre porridge Dubois, soprattutto.”

“E il caffè.”

“Oh, quello è di Harris&Son, temo.”

“Non so se potrò sopravvivere a questa rivelazione.”

“E al primo sorso.”

Amelia sorrise e accettò di farsi sorreggere fino ad accomodarsi al tavolo da pranzo. Intanto, Archie le inviò un messaggio in cui la avvisava che era in arrivo per accompagnarla in ambulatorio. Fuori dalle finestre, la luce irrompeva grigiastra.

Amelia non poté fare a meno di pensare al segugio – era un Weimaraner? – che aveva trovato nel letto, nel sogno. Sentiva pungere sotto i polpastrelli delle dita il pelo corto che aveva tastato. Non aveva mai avuto un cane così, quelli di nonna erano stati per lo più randagi.

Granny amava i cani, ne aveva sempre uno o due che giravano per il cortile e spaventavano uccelli, galline, conigli. E talvolta lei. Ambroise, per esempio, era uno strano incrocio tra un segugio e un alano, ed era così alto che Amelia riusciva a camminare sotto il suo ventre teso, facendogli il solletico. Si era talmente spaventata la prima volta che l’aveva visto! Poi aveva imparato a giocarci e ad amarlo. Non è così che succede con tutti, cani, uomini, amici, genitori, figli?

Quando le avevano messo in braccio Samuel appena nato, aveva compreso cos’era il terrore. E cos’era l’amore: l’unico baluardo alla paura.

Fu Emma ad aprire a Archie, quando si attaccò al battiporta. La ragazza teneva in bilico una pila di libri alta fino al mento, lui ne portava un paio in mano, sotto l’ala della cappa vintage. Si squadrarono, arrossirono, si scansarono. E infine si girarono verso Amelia che trangugiò in fretta il caffè.

"Siamo in ritardo?" chiese.

"No-no-non ancora," replicò Archie, attraversando il salotto con il ciuffo imbizzarrito. "L'aiuto ad alzarsi?"

"Grazie, Lord Archibald. Dormito bene?"

Archie ignorò la domanda e le si avvicinò intimidito.

"Dov'è l'ambulatorio?" s'intromise Emma.

"A Basingstoke, non è lontano dall'albergo dove soggiornerete, Miss..."

"Emma, per favore," lo pregò la ragazza. "Posso venire con voi? Papà..." proseguì inoltrandosi in cucina per poi riemergere. "Vengo con voi se non vi dispiace, così mi guardo un po' intorno," si giustificò.

"Andiamo," rispose Amelia sorpresa e insieme sollevata. Emma le piaceva e la rassicurava. Si muoveva come se potesse spianare i dossi e riempire le buche di ogni strada senza farsi male, e soprattutto senza incattivirsi o lamentarsi. Eppure non era imperturbabile, la sua sensibilità era talmente evidente che la rendeva potente. Sapeva proteggersi, Emma. E Amelia la invidiò: lei non era mai stata capace di trovare rifugio dentro di sé, lo aveva sempre cercato altrove, in altri ai quali attribuiva doti e poteri più grandi dei suoi, e che proprio per questo finivano spesso per deluderla.

Viaggiò accanto a Archie distratta, lasciando che fossero lui e Emma a imbastire i chilometri e la conversazione. Non che parlassero davvero, più che altro si scambiavano titoli di libri, nomi di librerie e account di scrittori da seguire. Usavano slang ed etichette che le erano per lo più sconosciuti, adatti a un mondo che non era il suo, non del tutto. Tanto si era sentita giovane la sera prima, altrettanto si percepì vecchia, in quell'auto color vinaccia che Archie aveva probabilmente ottenuto in prestito dal padre con il maglione a trecce slabbrate.

Claret: il colore della carrozzeria era quello del vino rosso

Chiaretto. Gliel'aveva spiegato papà Tiano quella volta che erano stati in visita alle scuderie reali di Buckingham Palace. Lui e la sua passione per Londra e la Royal Family. È così che aveva conosciuto Isabel. E poi si erano innamorati. Lei allora faceva ancora la restauratrice con smanie da pittrice nella *Swinging London*, lui girava per gallerie e antiquari. Era stato un colpo di fulmine. Anni dopo, si poteva ancora scorgerne il bagliore nei loro occhi, soprattutto quando litigavano, cozzando l'uno contro l'altro, vita contro vita. E persino Amelia li preferiva quando si gettavano contro i propri frammenti di verità, per quanto taglienti e spigolosi, a quando si tenevano per mano e gongolavano.

Non è la calma la virtù dell'amore. Cos'era stato detto la sera prima alla taverna? Se una donna non ha incontrato Mr... "Darcy!" sparò a voce alta, nel bel mezzo dell'abitacolo, mentre Archie allungava lo sguardo a cercare parcheggio.

"Cosa?" s'incuriosì Emma dal sedile posteriore.

"*Ho lottato invano. È inutile. I miei sentimenti non possono essere repressi. Dovete permettermi di dirvi che vi ammiro e vi amo ardentemente*," recitò Archie accostando davanti a un edificio, probabilmente l'ospedale.

"Darcy e... lei, Elizabeth."

"Elizabeth Bennet," puntualizzò Emma.

"Ve lo aspettate così, l'amore?"

Archie tirò il freno a mano e spense la domanda e l'auto, parcheggiandola a pettine accanto alle altre. Era ora di scendere.

22

Strade

Per fortuna si trattava soltanto di una lieve distorsione. Un paio di giorni di riposo, possibilmente distesa, e avrebbe potuto rimettersi gli anfibi e riprendere a camminare. Nel frattempo, le servivano stampelle, impacchi di ghiaccio e antinfiammatori.

Poteva andarle peggio, si consolò Amelia, ma certo la pausa forzata avrebbe rallentato il suo lavoro, e non di poco.

Di ritorno verso Whitethorn, si fermarono al supermercato. Se doveva stare in casa, meglio fare scorta di generi di conforto emotivo. Si impuntò e volle girare per le poche e brevi corsie, armata di stampelle e accudita da Emma. Prese un paio di pacchi di pasta – sì, ne aveva bisogno – e ingredienti vari per il sugo, e tutto l'occorrente per infornare una torta al cioccolato con scaglie di mandorla alla maniera della nonna. E vino rosso italiano.

"Guarda, c'è il tè di Jane Austen," notò Emma, sollevando una scatola di latta verde. "È una miscela: tè nero, rosa canina, mirtilli."

"Prendiamolo."

"Naturalmente," replicò Emma con un sorriso d'intesa. "Due scatole. Anzi tre."

"Bel business, questa Austen."

"Un'altra cosa che dovrai menzionare nel tuo articolo."

"Già. E tu? Hai pensato alla mia proposta? Mi lascerai fare qualche ritratto di te mentre realizzi i tuoi reel?"

"Ci sto ancora riflettendo."

"Tuo padre è d'accordo?"

"Oh, lui è sempre d'accordo."

"Non con me," ironizzò Amelia. "E tua madre?" La domanda partì fulminea e maldestra.

Emma si irrigidì e si diresse alla cassa. Pagò il tè prima che Amelia potesse raggiungerla, le stampelle che pigolavano sul pavimento di linoleum. "Scusami..." sussurrò.

"Andiamo?" glissò Emma, prendendola sottobraccio.

Archie le attendeva fuori. Aprì gli sportelli e le aiutò ad accomodarsi, come un autista professionista.

"Madam," disse, porgendo la mano a Emma con un inchino.

"A Whitethorn," declamò lei pomposamente. "Wow, adoro l'Inghilterra! Tu no?" chiese a Amelia.

"Boh, credo di sì. Ci sono nata."

"E poi?"

"E poi mia madre ha sposato un italiano, e così mi sono trasferita a Roma."

"E tuo padre?"

"Mio padre è morto in un incidente quando ero bambina." Amelia ripeté la frase che aveva imparato, negli anni, a mettere insieme: le stesse parole, le stesse pause, la stessa velocità, lo stesso tono. Era una sentenza.

"Mi dispiace," mormorò Archie, accendendo il motore e guardandola timidamente negli occhi.

"Anche a me," ammise lei, scrollando le spalle. "È stato tanto tempo fa."

Emma restò in silenzio. E così fecero tutti e tre, fino a raggiungere il cottage. Dubois non c'era. La ragazza preparò una tazza di Jane Austen Tea per tutti, ne regalò una scatola a Archie che se la lasciò scappare di mano: la latta risuonò sul parquet e di nuovo Amelia pensò alla sua medaglia che cadeva, alla sua carriera che non sarebbe ricominciata, all'ansia di non essere all'altezza. Come madre, moglie, giornalista, fotografa. Figlia. E si rabbuiò al punto da voler farsi aiutare a salire in biblioteca, dove si rintanò tra le braccia colme di fiori e velluto della sua poltrona preferita.

La colpì come quella casa estranea e temporanea avesse potuto diventarle così familiare in pochi giorni, ma aveva viaggiato abbastanza da sapere che è così che accade. È la magia del viaggio e, in fondo, anche dell'amore: sentire di appartenere a un luogo sconosciuto o a qualcuno che non si è mai incontrato prima. E poi arrendersi. Oppure fuggire.

Lei aveva fatto sia l'uno che l'altro, e non sapeva cosa fosse meglio. Del resto, la resa e la fuga sono solo *two sides of the same coin*, due facce della stessa moneta. Contro ciò che non sai e contro chi non conosci è inutile combattere. Puoi decidere di restare e imparare dall'altro. Oppure andartene e imparare da te stesso.

Il tè era caldo e corroborante, dolce ma non stucchevole. Forte. Un tè femminile.

"Perfettamente adeguato ai personaggi della Austen, no?" la anticipò Emma, accomodandosi sulla poltrona di fronte, anche lei con una tazza fumante tra le mani.

"Per ora ho incontrato solo Elizabeth e Emma. Quella del libro," specificò Amelia, con un sorriso a metà.

"Sei una lettrice fortunata, puoi ancora fare la conoscenza di Marianne, Elinor, Fanny, Anne e Catherine per la prima volta."

"Qual è la tua preferita? A parte Emma."

"Lo sono tutte. Ognuna a modo suo ci rappresenta."

"Addirittura? Ancora oggi?"

"Sempre. E adesso abbiamo ancora più bisogno di loro."

Amelia posò la tazza sul tavolino che le divideva come se

fosse un registratore. “Spiegami,” disse, passando subito in modalità giornalista.

“Ognuna di loro è rivoluzionaria a modo suo. Mette in discussione e rompe gli schemi e i tabù dell’epoca. E lo fa da insider, mostrando i limiti e le contraddizioni del proprio ruolo. Facendo la sua resistenza in famiglia, nella Chiesa, in società... alla ricerca della propria autenticità! Elizabeth, Anne, Emma e le altre percorrono di pagina in pagina un millimetro in più di strada verso l’emancipazione di tutte,” si accese Emma, scaldando la voce.

“Femministe, quindi.”

“Donne troppo intelligenti per accettare i confini imposti da altri. A costo di ritrovarsi scomode, molto scomode.”

“È questo che dici nei tuoi bookclub?”

“Sì, anche. E che tutte noi siamo ancora su quella strada. Tutti noi, anzi. Perché non riguarda solo le donne... ma noi esseri umani incastrati in ruoli che ci soffocano...” Emma tagliò le parole, ma l’incendio era già attecchito dentro di lei, a giudicare dal rossore.

Bevve un sorso di tè e Amelia fece altrettanto. Imitare i gesti dell’intervistato era un trucco che aveva utilizzato spesso, serviva a creare confidenza e connessione. “Non ti senti libera?” chiese.

“Oh sì, ma me la conquisto ogni giorno, la libertà. Ogni cosa che faccio è una scelta tra me e quello che gli altri si aspettano. Anche... anche in un video o in un post.”

“Li fai per te o per i tuoi follower? Li faresti anche se avessi pochi like?”

“Sì, ma non avrebbero senso, perché non manderei il messaggio che mi sta a cuore. Quindi dovrei trovare un altro modo di diffonderlo, capisci?”

“Con me lo puoi trovare.”

Tacquero, ognuna immersa nel proprio tè e nei propri pensieri.

"Comunque," riprese la ragazza dopo un lungo attimo, "la risposta è sì."

"All'intervista?"

"All'amore. Me lo aspetto come quello di Elizabeth Bennet e Mr Darcy."

"Potresti non trovarlo mai."

"Non potrei accontentarmi di meno."

"Ma la vita non è un romanzo!"

"La vita è quello che ne facciamo con quello che ci dà." Emma distolse per un attimo lo sguardo, per poi risollevarlo subito, ancora più limpido e sicuro.

"Sei troppo saggia per i tuoi diciott'anni. Mi spaventi," rispose Amelia, in bilico tra soggezione, ammirazione e tenerezza.

Emma sorrise, con una vena di malinconia: "Sono una giovane vecchia".

"O forse sono io che sono una..."

"Vecchia giovane?"

"Quindi siamo coetanee!" ribatté Amelia ironica.

"Ah ah ah, no, quanti anni hai compiuto l'altro giorno?"

"Quarantasette."

Emma strinse la tazza al petto e si voltò verso la finestra: "La stessa età di mamma," commentò, la voce di colpo incrinata.

Amelia restò immobile mentre la ragazza lottava muta con sé stessa e con un dolore che non trovava le parole e forse non le avrebbe trovate mai.

"Cancro," disse infine, ostinandosi a fissare il paesaggio oltre il vetro.

Amelia si alzò di slancio, incurante della caviglia, delle stampelle, del tavolino contro cui andò a sbattere rovesciando il tè sul tappeto francese, e spalancò le braccia.

E Emma vi si rifugiò dentro, con un sospiro.

23
Persuasione

"Sono poche le persone che amo veramente, e ancora meno quelle che stimo. Più conosco il mondo, più lo aborrisco; e ogni giorno conferma la mia opinione sull'inconsistenza del carattere umano e della poca fiducia che possiamo avere in tutto ciò che può apparire merito o intelligenza."

Emma aveva stoppato il film, mentre Keira Knightley dava corpo ai pensieri di Elizabeth Bennet, per leggere le parole originali di *Orgoglio e pregiudizio*.

"Eccoti," disse a suo padre apparso sulla soglia.

In tutta risposta, lui guardò prima sua figlia, poi Amelia, entrambe buttate sul divano sotto lo stesso plaid. "Tesoro, hai preparato la valigia?" chiese. "Se sei pronta, ci spostiamo in albergo."

"Papà, mi concedi un attimo del tuo tempo? Preferirei parlarti in privato," esordì Emma con quel suo tono letterario, alzandosi in piedi per andargli incontro e poi indirizzandolo affettuosa verso la cucina. "Amelia, vai pure avanti, l'ho visto migliaia di volte."

Amelia annuì e con la mano toccò il posto vuoto accanto a sé: il velluto dove si era accucciata Emma era ancora caldo. Si concentrò sullo schermo e sul volto dell'attrice così sicura di sé in quella scena.

Lei non era mai stata sicura di sé, ma aveva imparato presto a dissimulare. Quando viaggi da sola, non puoi permetterti di apparire fragile o timorosa. Lo stesso nella vita: bisogna scegliere con cura le persone a cui mostrare le proprie paure, le raccomandava sempre la nonna. Non tutti meritano di conoscerle.

Premette play e lasciò che il film continuasse. Si stava divertendo, nonostante conoscesse già il lieto fine. E Mr Darcy? Quanti milioni di donne aveva conquistato in oltre due secoli di esistenza letteraria? E quante ne affascinava ancora, in un'epoca digitale e liquida governata dall'intelligenza artificiale? Possibile che il matrimonio romantico rappresentasse ancora l'obiettivo di tutte? Lei non se l'era mai posto, anzi. Non pensava che si sarebbe sposata, tanto meno che sarebbe diventata madre. Non l'aveva mai desiderato fino al giorno in cui aveva scoperto di essere incinta. E nemmeno allora, a essere onesta. Ma Matteo era così contento, così entusiasta, così convinto che fosse la cosa migliore per loro, che lei aveva finito per credergli. E Samuel era davvero la sorpresa più bella, giorno dopo giorno. Eppure, non era mai riuscita a scacciare del tutto quel minuscolo dubbio che galleggiava nel meandro oscuro del suo cuore: sarebbe stata più felice se avesse continuato a viaggiare, a fare foto e articoli e libri e mostre? Se avesse perdonato Sergio? Se non fosse stata così... fragile?

La loro era stata una giostra di emozioni, avventure e solenni dichiarazioni d'amore. E lei non era riuscita a scendere. Forse perché lui portava con sé la passione per la fotografia, il viaggio, quel prendere a morsi il mondo che le riverberava il vago ricordo di suo padre.

Aveva incontrato Sergio a Salvador de Bahia, in Brasile, mentre assistevano entrambi a un rituale del Candomblé. Lei era impaurita da tanto buio, tanto bianco, tanto frastuono, e lui l'aveva presa sotto la sua ala protettrice. Si erano allontanati insieme, mentre impazzivano i tamburi, e non si erano più lasciati, nonostante ognuno dei due continuasse con il proprio lavoro, quasi in competizione. Per due anni, si erano dati appuntamento negli aeroporti, in città e Paesi che non erano casa: due anni di follia, allegria, sesso, affinità. Di fiducia e fedeltà, almeno così pensava Amelia.

Se quella mattina non l'avesse atteso a sorpresa all'aeroporto di Milano Linate, non avrebbe scoperto la verità: e cioè che lui non era partito da solo per un reportage in Kenya come le aveva detto e ripetuto in ogni telefonata, ma con un'altra collega giornalista... che ora teneva per mano e baciava al nastro dei bagagli, impudente.

Se, se e ancora se. *What ifs are the nails used to build the house of regrets*, i se sono i chiodi con cui costruisci la casa dei rimpianti, bambina.

Emma tornò da lei piroettando. "Restiamo," annunciò, con un sorriso di soddisfazione. "Se ti fa piacere, ovviamente."

Amelia strizzò gli occhi confusa.

"Non possiamo lasciarti qui sola, con la caviglia slogata e le stampelle. Hai bisogno di qualcuno che ti assista, almeno per i primi giorni."

"Aiuto io? Grazie Emma, grazie davvero, ma so cavarmela da sola."

"Oh, ne sono certa. Ma a volte è meglio cavarsela insieme. Papà è d'accordo, io e te avremo tempo di lavorare e tu di capire meglio chi è Jane Austen."

"Ma tuo padre non mi sopporta!"

"È solo un po'... scontroso. Ma ti garantisco che è meno peggio di quello che sembra."

"E la vostra vacanza a due? Il tuo lavoro? Non voglio esservi di peso."

"Non lo sarai. In cambio, potresti... cucinare per noi?"

"Cucinare?"

"Sì, papà è un disastro. E io amo la cucina italiana," disse

Emma tutto d'un fiato, con un entusiasmo perentorio che non lasciava spazio a repliche.

Mezz'ora dopo Amelia si mise ai fornelli, seppur seduta su uno sgabello. Non era un'appassionata di cucina, non lo era mai stata. Sapeva fare giusto quelle poche cose per la sopravvivenza sua e dei suoi due uomini, alla quale, doveva ammetterlo, contribuiva non poco la suocera, che a Broni sfornava quasi quotidianamente teglie di pizza, lasagne, torte salate.

"Li avvelenerai, mummia," scherzò suo figlio in videocall dal telefono appoggiato sul ripiano di marmo accanto ai fuochi.

"Tu sei ancora vivo, mi sembra."

"Soltanto grazie alla nonna."

"Ma se ti mangi sempre due piatti della mia carbonara!"

"Meglio del risotto alle fragole," la canzonò.

"Lasciami creare, su."

"Ma quindi i canadesi resteranno in casa anche a Natale?!"

"No, partiranno prima che arriviate tu e papà."

"Meno male."

"Ma non sogni di snowboardare in Canada, tu?"

"Ma non con loro. Hai detto che sono antipatici."

"Sì ma... no, cioè... aspetta: c'è l'acqua che bolle."

"Hai messo il sale?"

Suo marito, invece, non prese bene la notizia di quella che chiamò senza mezzi termini "convivenza".

"Ma così mi aiutano," sostenne lei. "Non è quello che mi hai suggerito di fare, di chiedere aiuto?"

"All'agenzia, non ai canadesi. Sono degli estranei dentro casa, Ame!"

"Be', ormai non lo sono più."

"Sono bastati due giorni?"

"Quasi tre, Matte."

"Ma sì, prendi sempre decisioni senza pensare."

"Già, sono scema."

"Non l'ho detto."

"Si scuoce la pasta, devo chiudere."

"La pasta?"

"Sto facendo un piatto per tutti."

"Cioè, fai pure la colf dei canadesi, adesso? Non dovresti stare a riposo con la caviglia?"

"Sono seduta! Sto solo mescolando un dannato sugo, Matte," replicò lei irritata, ma suo marito aveva già chiuso la conversazione. "*Fuck*," imprecò Amelia, la stampella che scivolava sul pavimento. Si sentì calare addosso una cappa di stanchezza e si ritrovò all'improvviso debole, impotente.

"Miss Insolenza," la sorprese Dubois dentro un altro dei suoi dolcevita, questa volta color muschio. Amelia sperò che non avesse assistito alla scena.

"Può preparare lo scolapasta, per favore? E raccogliermi cortesemente la..." indicò la stampella a terra, senza guardarlo.

Lui l'assecondò, arrotolandosi le maniche del maglione.

"Pronti," dichiarò, piazzando lo scolapasta nel lavello e restituendole la stampella. "Lasci, faccio io," disse e afferrò la pentola per i manici, armato di presine *country style*. "Amore," chiamò poi Emma, che comparve subito dopo, piatti alla mano.

Mangiarono insieme in cucina, abbarbicati intorno all'isola. Fuori, il sole stava facendosi largo nel cielo via via più terso. Era una luce di quelle che i fotografi amano perché scontornano nitide il paesaggio, constatò Amelia. Ma lei era chiusa dentro Whitethorn, maledizione. E con due estranei, come le aveva ricordato suo marito, che stavano mangiando la sua pasta tonno e radicchio.

"È squisita, grazie," la lodò Emma. "Che salsa è?" *Sauce*, salsa e sugo. Inutile spiegarle la differenza tra i due.

"Bah, non ha un nome. È solo tonno e radicchio."

"E olive! Come, non ha un nome?" la incalzò la ragazza. "È come dire che un romanzo non ha un titolo!"

"Non ce l'ha, un nome, non che io sappia," scoppiò a ridere Amelia, a suo agio in quella istantanea intimità.

"*Amelia's Sauce?*"

La battuta le risvegliò dentro una inaspettata gratitudine: avrebbe potuto raccontare a Samuel che ora lei aveva un sugo tutto suo.

"Programmi per il pomeriggio?" indagò Dubois, cambiando argomento. "Quando vuoi andare a Winchester, Emma?"

Winchester, con la sua cattedrale e la navata gotica più lunga d'Europa, la tomba di Jane Austen e la casa dove aveva esalato l'ultimo respiro, ricordò a Amelia il motivo per cui si trovava lì. Aveva inserito la cittadina dello Hampshire nella lista dei luoghi da visitare.

La ragazza esitò.

"Se ricordo bene," continuò suo padre scrollando il cellulare, "avevamo previsto la casa della scrittrice a Chawton e l'abbiamo fatto; Winchester oggi, Portsmouth domani, poi Salisbury, Bradford on Avon e Bath, dove pernotteremo, corretto? Infine Londra, dove il 22 abbiamo il treno per Parigi. Zia Caroline ci aspetta."

"E tu?" Emma si rivolse a Amelia.

"Io? Più o meno mi ero immaginata lo stesso itinerario, eccetto Portsmouth."

"Ma è una location importante di *Mansfield Park*."

"È fondamentale?"

"Tutto è fondamentale, quando si tratta di Jane Austen."

"Il romanzo non è tra i suoi più famosi..."

"Ma è tra i più intensi. Ed è quello in cui tratta meglio le questioni sociali: la guerra, le colonie, la schiavitù. E Fanny Price è straordinaria."

"Lo dici di ogni protagonista," la provocò Amelia.

"Perché è vero per tutte."

"Amore," la interruppe Dubois, "concentrati un momento sul nostro itinerario. Dobbiamo anche avvisare Harris&Son

e disdire la nostra prenotazione per l'hotel. L'agenzia apre tra mezz'ora."

"Ho già provveduto, papà. Ho inviato un WhatsApp a suo figlio, con il quale andrò comunque a visitare Oakley Hall, l'albergo. Lì c'è la sala delle feste dove la Austen andava a ballare. Archie verrà a prendermi nel pomeriggio per accompagnarmi."

Dubois stava per parlare ma ammutolì. "E Winchester?" chiese dopo un momento, come se si fosse morso la lingua.

"Meglio domani. E magari Amelia vorrà unirsi a noi."

"Io... be', grazie. Immagino di sì," rispose Amelia, colta di sorpresa. "Vediamo come starò. Oggi mi tocca un pomeriggio di relax e letture," disse, alzandosi in piedi e reggendosi alla spalliera dello sgabello.

"E qualche altro film. Devi assolutamente vedere *Persuasione* nella versione di Carrie Cracknell, con Dakota Johnson. Oh, e rileggere la lettera..."

"Quale lettera?"

"L'unica lettera che una donna dovrebbe mai ricevere," sorrise Emma, cominciando a declamare: "*Non posso ascoltare oltre in silenzio. Devo parlarti con i mezzi che ho a disposizione. Tu mi trafiggi l'anima. Sono dilaniato fra tormento e speranza. Non dirmi che è troppo tardi, che quei sentimenti così preziosi sono morti per sempre. Mi offro a te ancora una volta, con un cuore che è ancora più tuo di quando lo spezzasti, otto anni e mezzo fa. Non osare sostenere che l'uomo dimentica prima della donna, che il suo amore muore prima. Non ho amato altri che te*".

"Quanto ardore!" ribatté Amelia, imbarazzata dalle parole o forse dall'enfasi con cui la ragazza le aveva pronunciate. Era passione, quella. E lei non c'era più abituata. L'aveva tenuta a distanza, perché ne conosceva le conseguenze. Suo padre aveva perso la vita per eccesso di passione, sua madre si era persa in troppe passioni... e Sergio l'aveva tradita appassionatamente, a tante latitudini, minando la sua fiducia nelle relazioni. Si era sentita abbandonata da bambina, si era corazzata per sopravvivere, e quando si era arrischiata a togliersi l'armatura ed esporsi per quello che era, era stata trafitta. A morte. Amare, lei? No, non più. Voler bene, semmai. Accogliere. Condividere. Salvarsi.

Percepì lo sguardo dei Dubois su di lei e abbozzò un mezzo sorriso per spezzare la tensione. "Credo di dovermi riposare. Pensate voi a sparecchiare?"

Con le stampelle si allontanò lenta e zoppicante fino alla scala. Salì di gradino in gradino e una volta in camera, chiudendosi la porta alle spalle, si lasciò cadere sul letto. Solitudine e silenzio: ne aveva bisogno, ammise stringendosi al piumone. Forse quella convivenza con i canadesi, come l'aveva definita Matteo, era davvero una pessima idea.

24
Al buio

Aveva letto *Emma* fino a addormentarsi. A tratti, avrebbe voluto entrare nel romanzo e urlare ai suoi personaggi di ridurre le chiacchiere e darsi una mossa. Le parole hanno valore, non si devono sprecare, l'aveva ammonita una volta la nonna, dopo che lei aveva trascorso un intero pomeriggio di telefonate inventate nel bagno del sottoscala, ricordò mentre sgusciava dalle lenzuola, i piedi sulla moquette chiara e calda. Non si riferiva certo alla letteratura, però. O sì?

Non c'era una vera e propria libreria in casa, ma c'erano i libri, sparsi tra salotto e camera da letto, e pure nella cucina di formica azzurra. Amelia aveva cominciato a leggere prima di andare a scuola, ed era stata proprio *Granny* a insegnarglielo, sillaba dopo sillaba. *A for apple*, *B for ball*, *C for cat and D for dad*. Ma non ce l'aveva un *dad*, lei. Sarebbe arrivato anni dopo e lo avrebbe chiamato papà, più spesso Tiano. Che ore erano adesso in California? Troppo presto per telefonargli? Meglio un messaggio e poi l'avrebbe richiamata lui, lo faceva sempre.

Tiano c'era, c'era stato dal primo momento e non l'aveva mai abbandonata, nemmeno quando si era separato da Isabel e Amelia si era trasferita da Roma a Milano per inseguire il suo sogno di fare la fotogiornalista e girare il mondo.

"Sei una girovaga, come tua madre," la rimproverava lui

con affetto. Per poi rassicurarla: “Ma casa mia sarà sempre anche tua”.

E infatti Amelia poteva andare e venire dall’appartamento romano di Tiano, aveva le chiavi. Ci portava spesso Samuel, ci teneva che sapesse di poter contare anche su quel nonno acquisito. A Marsiglia, invece, erano stati solo una volta, per il sessantesimo compleanno di Isabel. Lo avevano festeggiato in un bistrot fronte mare tra le *calanques*, infagottati in una veranda che sfidava il vento. E sua madre era... chi era sua madre? La ventenne single, volubile e assente, che la affidava da bimba alla nonna? L’adulta che l’aveva trascinata in Italia lontana da *Granny*, Agor e i suoi prati, incurante dei suoi pianti e della sua angoscia? O quella che, anni dopo, aveva abbandonato lei, Tiano e Roma per andarsene in Francia e riprendere a coltivare la sua arte? Non ci voleva pensare adesso, a Whitethorn. Fuori, la sera spingeva via il pomeriggio con le sue dita d’inchiostro, c’era quel barlume che può rendere memorabile un tramonto. Afferrò lesta la macchina fotografica e spalancò la finestra: il panorama non era particolarmente attraente di per sé, ma lo era la sagoma delle colline contro la luce, come un ricamo nero sul bordo del paesaggio.

Chiuse la finestra ammaliata e appagata, la natura la confortava sempre. Poi lanciò un rapido sguardo allo specchio per sistemarsi i capelli ribelli e si apprestò a scendere con il sostegno delle stampelle. Aveva voglia di qualcosa di caldo, che fosse tè, caffè o *mulled wine*. Aveva comprato al supermercato la miscela speziata da versare nel vino rosso, e la mise sul fuoco. In un attimo, il pentolino sprigionò il profumo del Natale. Doveva esserci anche una scatola di biscotti, da qualche parte, mancava solo la colonna sonora. Tastò il cellulare che subito intonò *It’s Beginning to Look a Lot Like Christmas*, la sua canzone natalizia preferita, tanto che ne aveva fatta una ninna nanna per Samuel, quando era bambino. Sorrise e intanto realizzò un micro-video del suo vino che si scaldava in bolle vermiglie, felicità facile e solubile, pronta all'uso. Cominciò a canticchiare, tenendosi alla maniglia del forno con una mano, l'altra sulla stampella. *There's a tree in the Grand Hotel, one in the park as well...*

Non c'era un albero di Natale, a Whitethorn. Ecco, sì. Sarebbe stato bello decorare un vero abete tutti insieme, per una volta. A casa, buttavano qualche filo di luci dorate sul pino che stava in giardino, ma lì, ora, con il profumo di *mulled wine* che aleggiava, provò quasi rimpianto per i Natali che non aveva mai voluto e che ora all'improvviso le sembravano così desiderabili, se non addirittura necessari. Si può avere nostalgia di qualcosa che non è accaduto e a cui non si è mai dato importanza? Forse sì, concluse mentre versava il vin brulé nella tazza che divenne prima tiepida e poi rovente tra le dita.

Di nuovo una foto da inviare a Matteo e Samuel, insieme al video. Doveva telefonare a suo marito e fare pace, anche se non condivideva le ragioni della guerra. È così che si fa nei matrimoni, o almeno nel suo aveva sempre fatto così.

Lasciò che il cellulare squillasse, nessuna risposta. Avrebbe riprovato più tardi. Riattaccò la *Christmas song* e ricominciò a cantare, questa volta con più voce. Era sola, tanto valeva farsi compagnia. *But the prettiest sight to see is the holly that will be on your own front door*, intonò decisa, concludendo la performance con un inchino davanti all'immaginaria platea dei fornelli già spenti.

Un applauso la sorprese alle spalle. Per lo spavento, rovesciò la tazza che a sua volta rovesciò il vino sul pavimento. Dubois.

"Mi ha spaventato," ringhiò dall'imbarazzo.

"Non è abituata ai complimenti?"

"Non agli applausi inaspettati, dal buio. Pensavo non fosse in casa."

"Sono appena rientrato. E ho portato questi," disse alzando due sacchetti gonfi di spesa e posandoli sul ripiano dell'isola.

"Intende sfoggiare le sue abilità culinarie?"

"Lei ha avuto la sua occasione, ora tocca a me. Che profumo."

"Vino e spezie, per la gioia del pavimento," replicò Amelia tentando di asciugarlo, nonostante le stampelle.

"Se me ne prepara un bicchiere, pulisco io."

"Affare fatto."

"Mi passa il detersivo? È appiccicoso," si lamentò Dubois, inginocchiandosi ai piedi di Amelia, straccio alla mano.

Lei lo guardò dall'alto, stranita.

"Non sarò il primo, presumo," disse lui, cambiando leggermente tono.

"A pulire?"

"A stare ai suoi piedi. Non ne faccia un'abitudine, è solo un omaggio alla sua caviglia e alla sua passione sfrenata per il ballo," ironizzò, ritrovando la solita punta di sarcasmo.

"È stato un ballo... come posso dire? Istintivo, involontario."

"O il fantasma di Jane."

"E comunque a me piace ballare."

"Oltre al pilates," la provocò lui, ricordandole la scena sulle scale.

"La verità è che so solo scrivere e fotografare. Non so fare nient'altro," concluse Amelia, mescolando il vino bollente prima di versarlo nei bicchieri. "Lei in cosa è bravo?"

"A prenotare cottage nello Hampshire, è evidente. E a pulire i pavimenti."

Lei scansò la battuta e, da giornalista, proseguì su una traccia più seria.

"So che è uno storico."

"Insegno Storia francese all'Università di Toronto."

"E poi?"

"E poi cosa?"

"Cos'altro fa?"

"Studio gli animali... la mia seconda – o forse prima, chissà – mania."

"Gli animali?!"

"Sì, gli animali e il loro comportamento. Mi affascinano da sempre, fin da quando ero bambino. Non perdo un documentario."

"E poi?"

"Non le basta? E poi leggo, corro, mi prendo cura di Emma e dei nostri due cani, scio d'inverno e nuoto d'estate, seguo un corso da sommelier... ogni tanto vado al cinema o a teatro. Vivo, o almeno ci provo."

"Emma mi ha detto di... della malattia di sua moglie."

"Annette," gli occhi di Dubois s'incollarono al bicchiere. "Sono quasi tre anni."

"Non le dirò che capisco o che immagino, perché il dolore del lutto ha una misura così diversa per ognuno di noi, per lo più sconfinata..." Amelia si limitò ad assaggiare il vino.

"Annette è stata coraggiosa, ci ha costretto ad andare avanti, spianandoci la strada. Ha inventato lei AusTeen per Emma, le ha instillato l'amore per i libri e per la sua autrice preferita, voleva che avessero qualcosa in comune che le legasse per sempre. Anche questo viaggio l'ha pensato lei per i diciotto anni di Emma, nonostante sapesse che non sarebbe stata con noi. È stata tutta una sua idea. Annette era, è straordinaria," disse, ingollando infine il vin brulé, che lo aiutò a cambiare argomento con eleganza. "È buono. È come bersi il Natale in un sorso. Nostalgia liquida," concluse, mentre il telefono gli trillava in tasca. "Amore, tutto bene? Ti vengo a prendere?"

Intanto Amelia controllò il suo cellulare. Nessuna chiamata e nessun messaggio. S'innervosì e si trattenne a stento dal fare un altro tentativo. Si avviò in salotto e si gettò sul divano. Quale film le aveva consigliato Emma?

"Sta tornando?" domandò a Dubois che l'aveva raggiunta.

"No, resta fuori a cena con il figlio di Harris e un gruppo di *Austen lovers*, ha detto qualcosa a proposito del Jazz."

"All that JAZ, un'associazione di guide ai percorsi di Jane Austen nel territorio. Nulla di cui preoccuparsi. E anche Archie mi pare un ragazzo tranquillo."

"Sono solo scocciato. Siamo venuti qui per stare insieme, Emma e io."

"Ha diciott'anni, è a casa della sua musa, e lo Hampshire a Natale è il posto più romantico del mondo."

"Questo sì, che mi preoccupa," rispose Dubois, le labbra tese in un sorriso stentato.

"Che Emma si innamori?"

"Che soffra."

"Ma potrebbe essere felice, anche solo per pochi giorni. Un flirt natalizio: cos'altro può sognare una ragazza alla sua età?"

"Non è quello che sogna il padre della ragazza."

"I sogni dei padri sono spesso gli incubi delle figlie."

"E viceversa. È stata anche lei una ragazzina romantica, Miss Insolenza?"

"Pochissimo, la quota di romanticismo in famiglia se l'è aggiudicata tutta mia madre. A me sono rimaste le briciole. Comunque, so che devo guardare un film ma non ricordo quale."

"*Persuasione* con Dakota Johnson."

"Giusto, grazie." Di colpo, le sembrò di aver svelato troppo di sé, e si ritrasse.

"Intolleranze, allergie, preferenze?"

Amelia lo scrutò senza capire.

"Per cena. Siamo solo noi due."

E finalmente Matteo telefonò.

25

Number Two

Amelia e il marito si riappacificarono in qualche modo, lei si scusò per essere scattata così e lui per aver chiuso maldestramente la telefonata. E lei cominciò più serenamente la visione del film.

La trama di *Persuasione* la coinvolgeva più di *Orgoglio e pregiudizio* e di *Emma*. Le piaceva il capitano Frederick Wentworth, quel suo muoversi in punta di piedi intorno ad Anne in cerchi concentrici sempre più serrati, fino a sfiorarla. E le piaceva lei, così dignitosa nel suo coltivare lo struggimento di un amore nel cuore, come si fa con un seme che si cura perché diventi fiore, e nell'alimentare quella sua speranza indomita eppure circoscritta. Entrambi fedeli al proprio sentimento, senza strabordare. Senza sanguinare. Sì, finalmente due personaggi che le appartenevano, forse perché lei sapeva quanto era facile tradire ed essere traditi. E aveva odiato i tradimenti e il traditore. La fedeltà segnava per lei il limite: oltre, non c'era più l'amore ma qualcos'altro, un qualcosa fatto di crepe e di mancanze.

Per fortuna, Dubois sapeva scegliere il vino. Quel Pinot Noir di Romanée-Conti che le aveva versato a un certo punto, accomodandosi accanto a lei sul divano per qualche minuto, le consentiva di tenere insieme il coraggio di guardare il film e quello di guardarsi dentro.

"Il mio romanzo preferito," disse a un certo punto Dubois.

"Davvero?"

"Anne e il capitano amano una volta sola, e per sempre."

"Come i pinguini," rise Amelia.

"E i castori, e i cigni... Sono tanti gli animali monogami." Dubois diede voce al naturalista che si nascondeva in lui.

"Più degli esseri umani senz'altro. I maschi, soprattutto," rispose lei un po' tranchant, lasciando trapelare dalla battuta un'ombra più profonda. Ma lui stette al gioco.

"Oh, non sia così crudele con il mio genere. Ammetto che possiamo tendere, in alcune circostanze, a una certa titubanza."

"Titubanza?" ripeté Amelia, stoppando la visione del film. "L'amore non ammette titubanze."

"Ma non sempre è amore. Spesso è solo relazione."

"Cosa intende dire?"

"È una mia teoria..."

"Sentiamo, sono curiosa."

"Amare è scegliere. Il resto è stare insieme nel frattempo," precisò l'uomo, afferrando la bottiglia.

"Basta vino, sono già abbastanza confusa," protestò Amelia, con un pizzico di civetteria.

"Ci sono due modi di stare in coppia o nel matrimonio," riprese Dubois ignorando la richiesta e riempiendole nuovamente il calice. "Conosce la vicenda di Boris e Svetlaya?"

"Ancora Jane Austen?"

"Ah ah no, sono una coppia di tigri siberiane, ne hanno scritto i giornali di tutto il mondo."

"Me la sono persa."

"Nascono in due diverse zone della taiga ma entrambe rimangono orfane, e si ritrovano nello stesso centro di salvaguardia e riabilitazione dove imparano, lui maschio e lei femmina, a cacciare, nutrirsi, nascondersi e sopravvivere nella natura. Dopo quasi due anni, vengono liberate a oltre duecento chilometri di distanza l'uno dall'altra, nel tentativo di ripopolare due diversi territori. E... Boris si mette in viaggio: percorre duecento chilometri superando foreste, fiumi ghiacciati, valli desolate e le trappole dei bracconieri finché non ritrova la sua Svetlaya. E, finalmente insieme di nuovo, generano una cucciolata e una nuova speranza per la loro specie a rischio di estinzione."

"Una favola."

"No, è biologia. E amore."

"E se Boris non avesse rintracciato Svetlaya?"

"L'avrebbe comunque cercata, lei era la sua unica scelta. Se invece fosse rimasto lì dove l'avevano condotto i volontari, il tempo che aveva trascorso con Svetlaya sarebbe stato solo..."

"...un frattempo."

"Esatto."

"Non tutti i frattempo sono destinati a trasformarsi in persempre."

"L'importante è riconoscerli. Pronta?"

"Io? Oh, io so bene la differenza!" si difese Amelia, stranita.

"Mi riferivo al menu. C'è la mia specialissima *Poutine* del Québec."

"Ah, certo, e cos'altro?" Le si ingarbugliarono i pensieri e arrossì mentre tastava il divano alla ricerca del telecomando. "Patate e formaggio, vero?"

"Patatine fritte, formaggio e tanta salsa Dubois: il segreto è tutto lì. Venga, Mrs Moss. Da questa parte," Dubois l'aiutò ad alzarsi e la sostenne fino alla tavola, sulla quale brillavano le stoviglie sotto il lampadario a otto bracci.

"Maini Moss, non dimentichi la mia parte italiana."

"Preferisco cucinare per la sua parte inglese."

"E perché mai? Le piace vincere facile?"

"Che insolenza, Miss Insolenza!" ironizzò lo chef, mentre

le prendeva di mano il piatto per servirla. "Voi italiani vi sentite sempre così superiori..."

Amelia lasciò cadere la provocazione e si concentrò sulla salsa. Doveva ammettere che era proprio buona. Un po' unta ma saporita, con una punta di piccante e qualche spezia. "Pepe di Cayenna?" indagò curiosa.

"Worcestershire Sauce."

"*Oh My*, non la mangio da più di due decenni!"

"Si chiama archeologia alimentare," spiegò Dubois con un tono professorale non dissimile da quello che la figlia sfoderava nei suoi reel.

"Modernariato gastronomico," sparò Amelia con un sorriso. "Ci sono ancora i bagel di St-Viateur, a Montréal?"

"*Bien sûr*," replicò Dubois.

"Anche lei è un uomo diviso in due: due lingue, due culture."

"E due nomi."

Amelia si portò le mani al volto, coprendosi la bocca. "Ops, mi rendo conto solo ora che non le ho mai chiesto come si chiama."

Dubois sollevò appena le spalle, come a dire che non era importante. "Glielo sto chiedendo ora," lo incalzò lei, infilzando le patatine con la forchetta.

"George," rispose lui compito.

"E questo è il primo nome," parlò la reporter, adesso memore delle iniziali sulla valigia.

"Davis."

"George Davis Dubois."

"Ma lei può continuare a chiamarmi Dubois."

"Dove è nato?"

"Montréal, Canada, da genitori francesi: madre di Parigi, padre di Amiens. E una sorella, Caroline, che è recentemente tornata a vivere in Francia con marito e figlio. Andremo da loro, a Natale."

"In famiglia."

"E la sua, invece? Verrà qui, giusto?"

"Sì, per la prima volta un Natale diverso dal solito: solo io, Matteo e nostro figlio Samuel, senza suoceri intorno."

"Felice?"

"Felicissima. Finalmente soli."

"Davvero? Mia moglie amava le feste con tanti posti a tavola e le sedie in più, da aggiungere all'ultimo momento."

"Per come è andata la mia vita, preferisco essere sola che male accompagnata," replicò Amelia, rabbuiandosi. "Meno tensioni, nervosismi, delusioni."

"Rimpianti?"

"Oh, quelli! Natale ne ha per tutti."

"Sono i veri regali natalizi. Le piace la salsa?" Dubois sviò la conversazione, prima che prendesse una piega malinconica.

"Sì, molto."

"C'è del gelato nel freezer."

"Patatine fritte e gelato?! Mio figlio Samuel farebbe i salti di gioia."

"E suo marito?"

"Bah, lui si lamenterebbe. Troppe calorie e troppo junk food. È fissato con l'alimentazione, ha una sua dieta che alla fine seguiamo un po' tutti, per comodità."

"Io invece mangerò il mio gelato senza scrupoli. E potrei pure aggiungerci del caffè, come fate voi italiani."

"L'affogato, dice? Quello glielo preparo io." Amelia si alzò, reggendosi al tavolo e poi alla stampella, ma la luce del lampadario sfarfallò improvvisa, e lei si bloccò. "Che succede?"

"Forse un calo di tensione," la tranquillizzò Dubois, mettendosi a sparecchiare.

Intanto Amelia zoppicò fino in cucina, dove armeggiò con il freezer, il gelato e la macchina del caffè espresso che aveva ignorato fino a quel momento. Distribuì il gelato in due coppette e lo annegò di caffè fino a creare una piccola onda schiumosa con l'aggiunta di una goccia di Sheridan, come faceva sua madre. Un piccolo rito familiare, l'unico su cui si erano sempre trovate d'accordo.

Dubois la raggiunse al lavello. Fianco a fianco, lei alle prese con le coppette e lui con i piatti, ingaggiarono un timido balletto fatto di precedenze, di "mi scusi" e "prego, prima lei", abituandosi l'uno alla presenza dell'altro.

Erano due estranei che stavano rinunciando, gesto dopo gesto, alla loro estraneità. Ma per cosa?

Si ritrovarono infine sul divano, ognuno ad affondare il cucchiaino nel proprio dessert, apparentemente assorti nella visione del film eppure consapevoli di non essere più soli. In realtà, Amelia ne guardò uno tutto suo: un collage di Natali sfocati e sovraesposti, in cui lei aveva sempre le guance troppo rosse, i capelli troppo spettinati, i maglioni troppo larghi o troppo stretti. Eppure, rideva. A modo suo, forse, era stata felice, nonostante si fosse convinta del contrario.

Gustò quel che restava dell'affogato e si concentrò su *Persuasione*. La felicità, a volte, sta nell'accettare che sia passata. Ed è proprio allora che può tornare.

26
Tavola Rotonda

Quella mattina Whitethorn sembrava essersi svegliata presto e agitata da un'insolita luce radente che, dalle finestre, ispezionava ogni cosa, anche la più insignificante. Emma era già in piedi, in una tuta di maglia bianca sulla quale la chioma spiccava come una mantellina color martora. Con suo padre, stava spostando i divani.

"Traslochiamo?" domandò Amelia, affacciandosi dalla balaustra delle scale, dopo aver indugiato nella lettura di qualche pagina di *Persuasione*. Intanto, sul suo taccuino rimasto ben più vuoto di quanto non si fosse ripromessa, campeggiava la scritta: DAY FOUR.

"È arrivato l'albero," replicarono padre e figlia da sotto, mentre un affannato Archie reclamava attenzione dalla soglia, trascinandosi dietro quella che sembrava la base di un tronco.

"È più mastodontico di quanto immaginassi," proclamò la ragazza, con la sua particolarissima preferenza lessicale.

Amelia scivolò con il sedere di qualche gradino, per assistere a quello che sembrava avere tutte le caratteristiche di uno show.

Intercettò lo sguardo di Dubois, che cercava la sua complicità nel pieno del trambusto, ma non gli diede retta. Alzò gli occhi al cielo con un sorriso, come a svincolarsi da ogni possibile intromissione. Era una spettatrice e tale intendeva restare, magari munendosi di macchina fotografica, pensò, arrancando verso la sua stanza. In effetti l'abete non aveva nessuna intenzione di piegarsi e di adattarsi al salotto del cottage, tutt'altro. Se ne stava lì nel mezzo, in attesa che lo spazio e l'arredamento vi girassero intorno.

"Attento alle lucine, Archie! E il puntale? Dov'è la stella del puntale?" Emma s'aggirava febbrile e festosa, correndo da suo padre al nuovo amico e viceversa come un cucciolo in cerca di coccole. Poi richiamò l'attenzione di Amelia. "Faremo l'albero stasera, sto mettendo insieme tutto l'occorrente..."

"Chi? Quando? Perché? Da dove arriva tutto questo?"

"Archie ha deciso di giocare a *Father Christmas*... Non è Natale senza l'albero," le spiegò Emma emozionata. "Tra poco andremo a Winchester, vieni con noi? Ho verificato e possiamo parcheggiare a poche centinaia di metri dalla cattedrale, puoi farcela anche tu con le stampelle."

Amelia non se lo fece ripetere. Non vedeva l'ora di uscire e riprendere a lavorare al suo articolo, così zampettò a prepararsi e si fece trovare pronta dai Dubois che la caricarono in auto.

Era una giornata tersa ma glaciale, con i fiori di brina che rilucevano come paillette sul vestito grigio della strada. La radio passava brani natalizi e lei si sentì insolitamente e serenamente trascinata nel mood festivo, quasi eccitata dalla prospettiva imminente.

Da quando Sofia le aveva proposto il progetto Austen, sull'euforia aveva prevalso l'ansia: di riuscire con il reportage, di tornare in Inghilterra, di lasciare a casa Matteo e Samuel, di programmare le feste fuori casa, di affrontare il passato e il presente, da cui sarebbe dipeso il futuro... E invece lì, in quell'abitacolo tiepido, con due persone che le erano sconosciute eppure intime e straordinariamente capaci di affrontare le tempeste con coraggio, si percepì al sicuro, e non perché loro la potessero proteggere più di altri, bensì perché con loro poteva permettersi di essere quella che era, ma anche quella che voleva essere. Spensierata o meno, per un momento o per un giorno, libera dalla sua storia per poterne accogliere altre.

Ecco cosa le era pesato di più, in quegli ultimi anni di non lavoro. Lo capì osservando il cielo celeste rifrangersi nel paesaggio. Quando lavorava poteva essere chiunque, ma a casa, a casa era Amelia Maini Moss, e pure la signora Vercesi, grazie alle nozze. Era la figlia, la figlioccia, la nipote, l'orfana, la mamma, la moglie, la nuora, la cognata. Non era la fotografa e la giornalista che si svegliava altrove e diversa ogni volta: era quella di tutti i giorni e quella che tutti si aspettavano che fosse. La versione scontata e quotidiana di lei, che oscurava tutte le altre.

"Cosa sai della Austen a Winchester?" cinguettò Emma, riportandola tra loro.

"Che vi è morta e sepolta."

"18 luglio 1817: aveva quarantun anni. Quanti altri romanzi avrebbe potuto donare al mondo," sospirò la ragazza.

"Di cosa è morta?"

"Ci sono varie teorie, la più accreditata è stata per anni quella della malattia di Addison, ma la British Library sostiene che si sia trattato di avvelenamento da arsenico."

"Avvelenamento?"

"Inconsapevole, considerato l'uso che si faceva in quel tempo del metallo."

"Semimetallo," specificò il padre.

"Sai che si usava l'arsenico per dare il colore smeraldo agli abiti? E anche nei tappeti, nelle carte da parati, nei giocattoli, negli ornamenti," riprese Emma.

"È il cosiddetto 'verde di Parigi', ricavato dall'arseniato di piombo. Diventa di moda soltanto intorno al 1810... L'arsenico invece era già in uso nei medicinali, negli insetticidi, nei cosiddetti rimedi," s'intromise Dubois, con il suo tono puntiglioso e professorale.

"E quindi lei potrebbe essersi avvelenata con acqua o altri ingredienti contaminati, che la resero, tra le altre cose, sempre più cieca," chiosò Emma.

"Non era Caterina de' Medici che uccideva le sue vittime con biancheria intima intrisa di veleno?" saltò su Amelia, pescando una reminiscenza dalla sua vita romana con papà Tiano.

"Si racconta che regalasse mutande, allora un'assoluta novità, alle dame francesi di cui era gelosa, perché morissero avvelenate dal contatto con il tessuto durante le passeggiate a cavallo. Che fine orribile," interloquì di nuovo Dubois. "La chiamavano la regina nera. Era italiana."

"Fiorentina," precisò Amelia piccata, come se quell'"italiana" la riguardasse personalmente.

"Certo una figura controversa."

"Ma non bisognerebbe distinguere tra verità e leggenda, professor George Davis Dubois?!"

"Papà! Amelia! Possiamo concentrarci sulla Austen? Oggi vedremo la sua ultima casa al numero 8 di College Street – ma purtroppo solo da fuori, perché è un'abitazione privata – e la sua tomba sotto la pavimentazione della cattedrale."

"E poi c'è la riproduzione della Tavola Rotonda," aggiunse Dubois. "Cinque metri e mezzo di diametro per 1200 chili, in legno massiccio..."

"Quella di re Artù?" intervenne Amelia.

"Sì, non è propriamente l'originale dei tempi di Camelot ma risale comunque al..."

"Smettetela di divagare, voi due! Prima la Austen, papà, poi la tua storia," lo ammonì sua figlia.

"E possibilmente una tazza di tè, tra le due," pregò Amelia.

Furono accontentati tutti. Giunsero alla cattedrale dal retro, girandole intorno e poi incantandosi per un momento davanti all'imponente portale d'ingresso attraverso il quale si infilarono silenziosi nella lunga e baluginante navata a nord. Lì, sotto i loro piedi, c'era la grande lastra tombale di Jane, rettangolare e nera, incisa con un lungo epitaffio bianco composto dal fratello Henry. Sulla parete accanto, in una nicchia, la targa che il nipote James Edward aveva voluto iscrivere e decorare di florilegi era uno specchio di luce: l'ottone era così splendente che Amelia finì per fotografarvi dentro il proprio riflesso scuro, mentre leggeva le parole d'affetto e lode per le doti della scrittrice che lì, nel silenzio commosso e intimo della chiesa dove era sepolta, era più viva che mai.

Sussultò quando Emma le si avvicinò, sfiorandola, e raccolse il libro dei visitatori per lasciare la propria firma tra centinaia di altre. Quanti volumi custodiva la cattedrale, quanti sospiri, nomi, date, ghirigori, virgole e punti, meditò Amelia osservando la ragazza che, accucciata sul gradino, disegnava la sua E tonda e grande sulla carta, l'ennesima tacca in una storia infinita che ne generava milioni di altre.

Dubois, intanto, si era seduto su una panca poco distante, le mani nelle tasche del giaccone e gli occhi inquieti che andavano dalle vetrate ai fregi, dalle statue all'altare sul fondo. Forse era il suo modo di pregare.

All'uscita, si separarono: il professore si diresse a visitare la Tavola Rotonda, mentre Amelia e Emma fecero tappa nella dimora di College Street, con quel suo insolito color tortora e il bovindo a sbalzo del secondo piano nella facciata squadrata. E poi le finestre basse in cui si poteva guardare dentro e sbirciare l'assito del pavimento e i piedi di un divano o di una chaise longue: i piedi sui quali si regge il miraggio di una vita ormai consumata.

Emma camminò avanti e indietro davanti all'abitazione, in un sopralluogo estemporaneo, e Amelia la immortalò mentre si vestiva di tutto punto con ciò che si era portata nello zaino per le sue *stories* e i suoi reel: in pochi attimi, indossò sopra la tuta un manteau color mogano a balze ricamate, e un cappello con le piume smeraldine. Poi iniziò a spiegare la moda del Verde di Parigi e la tragica morte della scrittrice nelle stanze che si trovavano proprio alle sue spalle.

Il video era così coinvolgente che persino Amelia, per un momento, dimenticò che giorno era. E si ritrovò in una giornata del 1817 con la Austen ancora lì, dietro le tende... Rabbrividì mentre proteggeva l'obiettivo, abbassando la macchina fotografica. Certe sensazioni non si possono fotografare.

Si scaldò soltanto con il tè a un tavolino con vista sul fiume Itchen. Sulle travi di legno del soffitto, tazze e teiere appese a mo' di decorazione.

"Troppo noi," sussurrò Emma a Amelia, con un gesto della mano che di loro faceva un'unica squadra. "Lo diceva sempre mamma di noi tre," spiegò con gli occhi lucidi.

Amelia le mise il braccio intorno alle spalle, mentre la ragazza continuava: "Mi mancano il suo odore, il disordine in bagno, il modo strano in cui infilava le posate nella lavastoviglie, il cellulare sempre scarico, l'orrenda montatura degli occhiali che si ostinava a usare, le tazze di tè sparse per casa che lasciavano i cerchi sui mobili," disse Emma facendo una smorfia, gli occhi umidi e le labbra increspate in un tremolìo. "Lei è in quelle piccole cose. Non è assurdo?"

Amelia rivide la nonna in cucina, con il grembiule a fiori rattoppato, ai piedi le ciabatte di due paia e colori diversi. "No, non lo è. Sono le minuzie a resistere meglio al tempo e fare grandi i ricordi. Che poi è il segreto di Jane Austen, no? Ha raccontato microstorie familiari che sono diventate eterne, esemplari. E ha venduto quanto, quanti milioni di libri?" le domandò, per distrarla.

"Venti milioni di copie nel mondo di *Orgoglio e pregiudi-*

zio dal 1813 a oggi. Ma finché è stata in vita non ha mai visto il proprio nome in copertina, pubblicava in anonimato."

"*By a lady*: scritto da una donna."

"Esatto. Fosse stata un uomo..."

"Non saremmo qui a onorarla, duecentocinquant'anni dopo la sua nascita."

"Stai diventando una sua fan?"

"Sto semplicemente analizzando il fenomeno, da giornalista."

"Archie dice che ci sono ancora dei suoi discendenti e tu ne hai fotografato uno."

"Io? E quando?"

"L'altra sera, davanti alla vecchia cabina telefonica. Un uomo che sarebbe il pro-pro-pronipote nonché proprietario di Chawton House, la dimora del fratello della Austen."

"Non ricordo di aver fotografato nessun uomo."

"L'ho invitato a Whitethorn."

"Chi?"

"Archie, stasera. Faremo l'albero insieme."

"Tuo padre è d'accordo?"

"Credo di sì, perché?"

Emma attese che Amelia finisse di scattare e si spiegasse meglio, giocando con la forchetta e l'ultimo boccone della sua torta Red Velvet nel piattino.

"Ho la sensazione che preferisse restare in famiglia, da solo con te. Già ci sono io a fare da terzo incomodo in giro per casa... E ora Archie," le disse Amelia, riprendendo a fare foto.

"Mamma amava avere la casa piena di gente a Natale. Tu le saresti piaciuta, e anche Archie. *Un party non è mai troppo grande*, direbbe Jane Austen."

"Forse tuo padre vorrebbe averti tutta per sé."

"Non credo, ma glielo chiederò. Oh, guarda. Eccolo!"

Dubois stava risalendo lungo il fiume, le ali del cappotto che si sollevavano a ogni passo, nere contro lo sfondo blu dell'acqua. Camminava spedito ma senza fretta, con la sicurezza di chi non teme che la terra possa franargli sotto i piedi. A un tratto si fermò ad ammirare il paesaggio, poi si voltò e riprese la strada verso la sala da tè. Scorse sua figlia dalla finestra, sorrise di un sorriso pieno, senza esitazioni: il suo mondo era lì dentro, dietro la vetrina, e lui gli stava andando incontro.

Amelia tremò e poi fu travolta da un'ondata di caldo improvviso. Forse era il tè che le faceva effetto dopo il freddo accumulato a girovagare. O forse le si era accesa dentro un'emozione: quell'uomo che procedeva verso di loro non titubava. Sapeva scegliere l'amore che dura per sempre.

27
Kiss and Go

L'abete, al centro del salotto, fremeva di luci e fiocchi d'argento, come una guardia pluridecorata di medaglie. Alla fine, a farlo erano stati Emma e suo padre. Archie sarebbe arrivato per la cena che Amelia stava preparando, issata sullo sgabello accanto ai fornelli: risotto ai funghi, un piatto che la salvava ogni volta che aveva ospiti a casa, per lo meno d'inverno. Samuel avrebbe approvato. Ne sentiva la mancanza, nonostante la telefonata di poco prima. Ancora tre giorni e sarebbe stato lì con lei, intorno a quello stesso albero che i Dubois avevano allestito con cura e pazienza.

Lei li aveva lasciati soli, si era infilata nella vasca da bagno per ritemprarsi dalla gita a Winchester. Le stampelle la stancavano, ma la caviglia pareva migliorare. Anche quella sarebbe guarita con cura e pazienza.

Era scesa avvolta nel suo abito di tweed a scacchi rossi, l'aveva portato per Natale e tanto valeva sfoggiarlo in quel prequel delle feste imminenti. La sua casa nell'Oltrepò era una bella villa ricavata nel fienile di una cascina, dai soffitti alti e il design impeccabile – merito di Matteo, architetto –, ma lì, in quel cottage, c'era un calore che le ammorbidiva i pensieri, rendendoli meno assillanti. Era a Whitethorn per lavoro, ma a breve sarebbe stata anche in vacanza. Sospirò e continuò a controllare la cottura del riso.

"Un aperitivo?" propose Dubois girando per la cucina armato di cavatappi. "Bollicine, questa volta. E non osi contraddirmi, Miss Insolenza Italiana," disse con una mezza risata. Indossava una polo blu, sotto un gilet di lana dello stesso grigio dei suoi occhi.

Brindarono, sfidandosi e alleandosi contemporaneamente.

"Siamo in quattro, stasera," bisbigliò lei.

"Tre più uno."

"Fa differenza?"

"Enorme."

"Non sia così geloso di Emma."

"*Nessun uomo si offende se un altro uomo ammira la donna che ama; dipende dalla donna se questa ammirazione diventa per lui un tormento.*"

"Un detto canadese o la solita Austen?"

"*L'Abbazia di Northanger.*"

"Che non esiste."

"È un luogo immaginario, forse ispirato alla cattedrale di Salisbury che vedremo lungo la strada per Bath. Domani invece Emma e io andremo a Portsmouth."

"Un vero grand tour."

"Che terminerà a Londra i primi di gennaio."

"Pensavo che sareste ripartiti da Parigi dopo Capodanno."

"Mia figlia, sì. Io tornerò a Londra, dove terrò la conferenza 'Impero e Regency: parallelismi e divergenze tra Francia e Inghilterra'," declamò volutamente pomposo Dubois, come se fosse davanti a una platea.

"Professore," Amelia scimmiottò una mezza riverenza.

"Miss Insolenza," replicò Dubois, imitandola.

Si guardarono come se si vedessero per la prima volta, e così li trovò Emma entrando in cucina, l'uno incantato dall'altra.

"Mi servirebbero forbici e nastro adesivo," dichiarò spiccia, attraversando lo spazio tra loro. "Archie ha portato il vischio." Per un motivo o per l'altro, mostrava una fretta evidente di tornare di là.

Dubois la seguì senza mollare il bicchiere e Amelia tornò a dedicarsi ai fornelli. Ancora pochi minuti e la cena sarebbe stata pronta.

Sentì le voci dei Dubois accavallarsi, inframmezzate dai balbettii fragili di Archie, e si affacciò curiosa: i tre erano indaffarati ad appendere il mazzetto sotto l'arco che divideva il salotto dalla cucina. O meglio, quella affaccendata era Emma, che si era arrampicata su una sedia, circondata dai suoi due assistenti.

Finalmente il vischio trovò il suo posto, i rami spruzzati di bianco e oro pendevano sotto la volta.

"Buon Natale," disse Amelia, prima in italiano e poi in inglese.

"Manca giusto una settimana alla vigilia," fece notare Emma. "E considerato che allora non saremo insieme, possiamo festeggiare stasera. Sarà il nostro *Little Christmas*."

"Con il risotto?"

"Il famoso *Christmas Risotto* di Amelia," ammiccò la ragazza. "Lo sai che la tradizione del vischio sulle porte è inglese e risale all'epoca di Jane?"

"La tradizione è celtica," la corresse il padre.

"La moda del *Ki-kis-kissing Bough*, il bacio sotto le foglie di vischio, è riconducibile al periodo della Austen, però..." azzardò Archie, con una vampata di timidezza che gli risalì da sotto il maglione girocollo fin sulle guance.

Emma esplose in un sorriso di riconoscenza che avrebbe mantenuto sulle labbra per tutta la serata, nonostante i reiterati tentativi del padre di trasformare l'occasione in un esame per tutti, ma soprattutto per Harris Jr. Lo incalzò con domande a cui Archie non poté opporre alcuna resistenza, ma soltanto risposte, misurate e pacate quale lui era.

Per fortuna il *Christmas Risotto* attutì l'impatto, consegnando tutti al proprio palato e alle lodi per la cuoca. Amelia girò anche un breve video che spedì a Samuel, a testimonianza che qualcuno apprezzava – e anche molto – la sua cucina, al quale seguì una call in diretta, dalla tavola di casa a Broni a quella di Whitethorn, con relative presentazioni: da una parte i Vercesi, dall'altra i Dubois, padre e figlia, e Archibald Harris. L'anello di congiunzione di quei due mondi era lei, Amelia Maini Moss in Vercesi, e la constatazione la stranì, invece di rallegrarla. In quel sovrapporsi di immagini e di volti, si percepì sdoppiata, sul confine. Nel suo essere sia qui sia là, non era da nessuna parte? Era fuori luogo ovunque. Straniera. E il fatto che suo marito, che odiava la tecnologia e le videochiamate, avesse acconsentito a parteciparvi la mise ancora più in ansia. Forse voleva soltanto assicurarsi che sua moglie fosse al sicuro tra persone perbene, era senz'altro quello il motivo, ma il suo istinto le disse che c'era qualcos'altro e che aveva a che fare con la fiducia. Lei si fidava totalmente di Matteo, ma lui faceva lo stesso con lei? E, soprattutto, faceva bene?

A rasserenarla furono Emma e Archie e quel filo che si andava imbastendo tra loro. Sarebbe stato lungo, resistente e ricamato? Oppure giusto un rammendo cucito per necessità, curiosità o semplice frattempo?

Amelia monitorò il disegno di quell'imbastitura come avrebbe fatto con il percorso su una mappa. In fondo ogni relazione è un viaggio. Ed è il primo passo a marcarne il ritmo.

Scrutava gli orizzonti dei due ragazzi per assistere al miracolo di un amore che si dispiega. Cos'altro si può fare, da adulti? Innamorarsi è un privilegio giovane, un diritto dell'età in cui tutto è possibile. Poi diventa la reiterata fatica di amare chi si ha accanto.

Si liberò dai pensieri con un movimento appena percettibile della testa. Era il Natale del 18 dicembre, una festa. Doveva essere festosa anche lei. Propose di mettere della musica e fu accontentata. Certo, non poteva ancora ballare, non con la caviglia che si ritrovava, ma poteva farlo con le gambe del cuore.

Era quello che le diceva sempre la nonna quando la chiamava da Roma o dai luoghi dove si trovava, lontani dal Nottinghamshire: *sono lì con le gambe del cuore*. Erano state le sue ultime parole dal telefono della casa di riposo, mentre Amelia si imbarcava su un volo per raggiungerla. Sarebbe atterrata troppo tardi.

Dopo cena, quando Archie se ne fu andato e i Dubois si furono ritirati in camera, o forse in biblioteca, Amelia si raggomitolò sul divano, confortata dal plaid. Fissò il soffitto imbiancato sopra di lei. Non aveva voglia di ricordi, quella sera. Voleva le anteprime di quello che sarebbe successo da lì in poi.

Intanto aveva chiarito con Archie, passando in rassegna le foto sul computer, chi fosse il discendente della Austen che lei aveva già fotografato: era l'uomo con il cappotto verde, quello che garbatamente le aveva fatto segno di non includerlo negli scatti, ma che compariva in un paio di scene di gruppo, sebbene seminascosto. Il giorno dopo, Archie l'avrebbe accompagnata a Chawton, sia nella casa-museo dove un tempo la Austen aveva vissuto con la sorella e la madre, sia nella magione poco distante che, dopo svariati passaggi, era ancora nella disponibilità del suo erede e chissà, magari lei avrebbe potuto incontrarlo e convincerlo a farsi ritrarre. Il giorno dopo ancora sarebbe andata a Bath con i Dubois e forse Archie, che tramite la sua agenzia aveva trovato loro un grazioso hotel pronto ad accoglierli per una notte lontano da Whitethorn. Poi, sarebbero finalmente arrivati Matteo e Samuel e lei sarebbe corsa a prenderli all'aeroporto di Gatwick. Tutto era ben pianificato. Poteva stare tranquilla e andare a dormire.

Mise le stampelle sul primo gradino ma la luce tremolò, fino a spegnersi del tutto. Un altro calo di tensione? Provò a girare l'interruttore, nulla. Il cottage era al buio, così come il giardino e la via. Cercò di accendere la torcia sul cellulare, ma questo cadde sul legno con un urto asciutto. Il contatore, rammentò, si trovava nella nicchia accanto alla porta di ingresso. Si avviò a tentoni. Dal piano di sopra, una serie di passi, poi lo squittìo della scala.

"Amelia?" Dubois sussurrò il suo nome. Era la prima volta.

"Non è il contatore," rispose lei con un sussulto, dopo aver tastato il pannello elettrico.

"No, direi di no," confermò l'uomo, sguainando il cellulare illuminato. "Temo dovremo aspettare che ripristinino la corrente," aggiunse, raggiungendola. Il suo respiro le si incollò alla pelle, sotto l'orecchio.

"Stavo andando a letto. Speriamo sistemino in fretta il problema o farà freddo," mormorò Amelia, improvvisamente a disagio, quasi intimorita.

"Accenderemo il fuoco."

"Non si dorme mai con il camino acceso," lo ammonì, memore delle raccomandazioni della nonna.

"Allora faremo i turni."

"Dovremo sorvegliarci a vicenda, io e lei."

"Non si fida di me? Su, mi dia le stampelle e tenga il mio cellulare rivolto verso... ecco, così," la istruì Dubois. "La torcia, intendo."

Salirono con le braccia intrecciate, le spalle di Amelia dentro quelle di lui.

"Sembriamo due ladri," commentò lei a metà scala con una risata affannata, venata di imbarazzo per quella danza a due e quel refolo tiepido e intermittente sul collo.

"Due complici che svaligiano un cottage abbandonato dello Hampshire."

"E finiscono per addormentarsi e farsi scoprire all'alba dalla polizia," chiosò Amelia.

"Commedia o tragedia?"

"La prima. Siamo a Natale."

"Ma lei non è tipo da accontentarsi di una commedia."

"Ma come?! E perché? Che ne sa lei di quel che mi piace?"

"Ecco Miss Insolenza!"

"Non sono insolente, semmai... provocatoria."

"Quindi ammette che mi sta provocando?" mormorò Dubois, mentre la sosteneva in cima alla scala.

"Mai quanto lei," reagì fulminea Amelia. Vacillò per un momento e puntò le scapole nel petto di lui, nel tentativo di ritrovare l'equilibrio.

Sul pianerottolo, la luce si riaccese con veemenza.

"Siamo salvi," ansimò lei, accennando alla lampada del pianerottolo. "Be', grazie, e buonanotte," disse svelta. Riprese le stampelle dalle mani di Dubois e si appoggiò allo stipite della porta della sua camera, dandogli le spalle. "A domani," aggiunse, armeggiando nervosamente con la maniglia.

Più tardi, nel letto, si rigirò più volte insonne. Con le dita, sfiorò il punto dove Dubois le aveva respirato addosso e lo scoprì caldo, come se qualcuno lo avesse davvero acceso. Ci tenne la mano sopra e si augurò che non prendesse fuoco.

28
Primo piano

A colpirla fu la tappezzeria. Non la disposizione delle stanze, non gli arredi, non gli oggetti personali della scrittrice, ma le pareti, rivestite di carta da parati. Era la replica di quella che aveva originariamente avvolto la vita di Jane Austen: stessi segni, colori, fantasie. Era come stare dentro un pacco regalo foderato dai secoli. Questo avrebbe annotato sul suo taccuino, nel DAY FIVE.

Amelia perlustrò la casa-museo di Chawton con un insolito groppo tra la gola e lo stomaco, quasi che quei metri quadrati le parlassero ma in una lingua che lei non padroneggiava del tutto, esponendola alla fibrillazione di emozioni incontrollabili. Si accomodò sul divanetto di cretonne color burro e studiò la piantina del cottage, ma soprattutto si soffermò sulla vista dalle grandi finestre a riquadri, oltre le quali c'era il giardino che era stato lo scenario di migliaia di ore di ispirazione.

La scrittura, invece, era stata confinata allo spazio esiguo di un tavolino mobile disposto nell'angolo più defilato del soggiorno, accanto a una pendola che ormai segnava il tempo passato. La scrittrice era solita creare lì gli intrecci dei suoi romanzi, tra un'incombenza e l'altra, tra un nipote – ne contava venticinque –, una cognata e l'inseparabile sorella Cassandra, con la quale divideva la camera da letto, due baldacchini identici e una cassettiera, e il comune destino di essere donne nubili, la informò la guida in costume del museo. Entrambe non si sposarono mai, nonostante Jane avesse ricevuto una o forse più proposte di matrimonio, tutte rifiutate, e Cassandra fosse stata fidanzata con Thomas Fowle, deceduto prima delle nozze in una spedizione militare ai Caraibi in qualità di cappellano, concluse facendo strada verso il secondo piano.

Amelia girellò con l'aiuto di Archie, prendendosi il tempo di soffermarsi sui cappelli e le scarpe da ballo, sulla riproduzione delle lettere vergate a mano dalla Austen, con quella sua grafia spigolosa che correva verso il margine destro incontro all'avventura della fine del foglio. Verso l'ignoto. Quella marcia di parole verso il mondo fu l'inizio della suggestione. Le sembrò che la scrittrice abitasse ancora lì, che fosse possibile dimenticarsi del 2024 che stava per diventare 2025 e restare con lei in dialogo e in disparte, tra la chaise longue e il caminetto.

Cominciò a scattare ispirata, con l'assistenza di Archie che teneva a bada gli altri visitatori e la aiutava con le inquadrature: foto di ambienti soltanto apparentemente disabitati e pieni invece di Jane Austen e delle protagoniste dei romanzi che aveva incontrato fino ad allora: Emma soprattutto, ma anche Elizabeth e Anne. E ora avrebbe scoperto Elinor e Marianne, e poi Fanny e Catherine e tutte le altre coprotagoniste. Donne, perché la Austen aveva raccontato le donne in un mondo di uomini.

Scese nel cortile della casa-museo, dove c'erano panni d'epoca stesi sui fili del bucato, gli indizi di una vita minore che, nelle pagine dei libri, conquistava il centro della trama.

Aveva ragione Emma Dubois, rifletté Amelia puntando l'obiettivo. Aveva ragione la nonna, nella cura delle piccolezze quotidiane. Avevano ragione le donne: la vita non è che un arazzo complesso di punti minuscoli.

Mandò un messaggio a Emma che si trovava quel giorno a Portsmouth con suo padre, come da programma, poi si avviò con Archie verso Chawton House. Era una magione di mattoni imponente, con i tetti rossi e gli abbaini che sbucavano come canini pronti a mordere sotto le labbra dei cornicioni. Non a caso, Jane Austen l'aveva ribattezzata "*The Great House*", nelle sue lettere. Ci aveva abitato il fratello Edward, adottato dalla ricca famiglia degli Knight. Amelia ne aveva casualmente fotografato un erede. Ora la magione era aperta al pubblico, e ospitava anche un centro studi per la letteratura femminile.

Archie, doveva ammetterlo, era una buona spalla. Dietro la sua apparente esitazione, c'erano tenacia e determinazione. E pragmatica creatività british. Era uno di quei ragazzi che da adulta rimpiangi di non aver amato, perché con gli anni diventano ottimi partner e *family men*. Ma a vent'anni cerchi passione, bellezza e trasgressione e puntualmente le trovi in esemplari di maschi egoisti e narcisisti, che ti tormenteranno, come aveva fatto Sergio. Sperò che Emma fosse più saggia di quanto non fosse stata lei.

Fotografò la sala del camino, con la sua boiserie di legno e le corna di chissà quale animale, oltre che i ritratti di Edward Austen, ma la magia che l'aveva colta era svanita. Jane non c'era più, non era lì. In compenso, c'era la biblioteca con la collezione delle opere scritte dalle donne tra il 1600 e il 1830, un omaggio a quella letteratura che, pur nel regno delle regine, era stata snobbata. E no, non era possibile incontrare l'erede di Miss Austen, non prima delle feste. Forse dopo? Poteva Mrs Amelia Maini Moss richiamare dopo Natale? le domandò la signora con lo chignon alla reception.

Poteva, confermò Amelia, speranzosa. E con questi accordi in tasca, si rimise in auto con Archie verso Whitethorn.

"Quando fissiamo il tuo shooting?" domandò al ragazzo.

"Non sono tipo da mettersi davanti all'obiettivo, mi vergogno."

"Saremo solo io e te!"

"Ma poi mi vedranno chissà in quanti."

"Cosa ti spaventa?"

"Niente, è solo che no-no-non mi piace... Non sono abbastanza bello," farfugliò.

"Lo pensi davvero?"

"Sì, cioè no. Cioè, sono nella media."

"La media non esiste. Sei bello, Archie, bello nel tuo personalissimo modo."

"Ma anche brutto nel mio personalissimo modo."

"Siamo tutti diversamente brutti," scherzò Amelia, "e siamo anche tutti diversamente belli. Sei troppo intelligente per farti fregare dagli standard ideali."

"L'intelligenza basta pe-per piacere a una ragazza?"

"Dipende dalla ragazza."

"Mo-molto bella, anche nelle foto, nei selfie e..."

"Nei reel?" azzardò Amelia.

Archie annuì, tenendo lo sguardo attento sulla strada che si andava facendo sempre più stretta tra i campi umidi. "*Se solo potessi conoscere il suo cuore, tutto sarebbe più facile*," citò. "*Ragione e sentimento.*"

"Come finisce?"

"Il romanzo? Con il matrimonio, come tutti."

"E tra ragione e sentimento?"

"Vince il secondo."

"Amore è quando vincono entrambi, ma questo, Archie, è qualcosa che si scopre alla mia età, non alla tua."

"Cosa dovrei fare con Emma?"

"Ballare. Divertirti. Farla ballare e divertire. Baciarla. La spensieratezza è il dono che tutte vorremmo," disse Amelia, allungandogli una pacca amichevole sulla spalla.

Era di spensieratezza che aveva davvero bisogno Emma? O era lei che la stava cercando? Si accarezzò la pelle sotto l'orecchio, nel punto in cui nasceva la mascella e si apriva la bocca. Dove si nascondevano i baci, prima che venissero dati. Rise.

Archie si voltò verso di lei, scrutandola interrogativo.

"Sto diventando sentimentale," ammise Amelia.

"È l'effetto Austen."

"Quanto dura?"

"A volte per sempre."

Lei alzò lo sguardo sulla sagoma baluginante di Whitethorn, immersa nel mare scuro di nuvole invernali: un faro tra le zolle di terra dure dello Hampshire.

La luce numinosa del cottage stava accendendo in lei qualcosa che era rimasto spento a lungo. Ma cosa esattamente?

Aprì il portone con la concitazione inquieta di quando partiva per un'esplorazione. Ma questa volta non avrebbe vagato in una terra fuori di sé, bensì in un posto dentro di lei che aveva trascurato: quello dei baci che non si danno.

29
Frigidarium

Dopo i chilometri più pianeggianti dello Hampshire, l'auto prese a danzare sinuosa lungo i saliscendi della contea del Somerset. Destinazione Bath, la città delle terme romane e le architetture georgiane in pietra color miele.

"Quattro case in cinque anni in questa città, tra il 1801 e il 1806," specificò Emma affacciandosi dal sedile posteriore tra Amelia e suo padre. "Povera Jane Austen, quanti traslochi."

"Già," si limitò a commentare Amelia, lo sguardo sul polsino azzurro della camicia di Dubois che tratteneva una mano elegante, dalle dita lunghe e leggermente abbronzate, e un braccialetto di cuoio e acciaio, con la targhetta piatta e incisa. Probabilmente una dedica o una data. Forse il nome di sua moglie. Annette, giusto?, si chiese Amelia, che strinse istintivamente il proprio bracciale di maglia d'argento, anch'esso inciso. Da un lato HSQMYP per *Honi soit qui mal y pense*, il motto dell'Ordine della Giarrettiera in Inghilterra, e dall'altro SPQR, *Senatus Populusque Romanus*, il fondamento dell'antica Roma: gliel'aveva regalato papà Tiano per il diciottesimo compleanno e lei non se n'era mai separata. Anzi, quel braccialetto era diventato il suo talismano, e lei non usciva mai di casa senza.

Guardò di sottecchi Dubois. Si erano salutati velocemente

quella mattina, e con le sillabe di un solo *good morning*; della momentanea complicità di due sere prima, nel buio nero della scala, non era rimasta traccia, eppure Amelia se la sentiva addosso, come un profumo che resta persistente sugli abiti o nei capelli.

Lui, invece, sembrava concentrato soltanto sulla strada e, con quegli occhi di ghiaccio, gelava ogni tentativo di conversazione. Dal suo cellulare collegato all'auto, la playlist suonava per lo più brani *smooth jazz*, perfetti per quella gita a tre che li stava portando nella cittadina dove Jane Austen aveva vissuto, scritto, amato. E dove ogni anno veniva ricordata con una settimana di feste, balli e parate in costume.

"Guarda, guarda qui," Emma le passò il cellulare, sul quale scorrevano video dell'ultima edizione del Jane Austen Festival.

"Sembra una puntata di *Bridgerton*!"

"Infatti, la serie è stata girata a Bath, in tante location che sono anche nei libri di Jane. Questa palazzina, vedi? È la sede del museo Holburne ed è la casa di Lady Danbury nella fiction," spiegò Emma. "E queste con le colonne sono le *Assembly Rooms*, dove si tenevano i balli. Invece qui c'è la vetrina della modista francese, che in realtà è una sala da tè." La ragazza era incontenibile. Del resto, erano mesi che pianificava quel viaggio nei dettagli. E aveva diciott'anni, l'età in cui ogni minuto è una promessa, e non quarantasette, quando ogni attimo è una scommessa, spesso persa, con sé stessi.

Amelia si domandò se Annette sarebbe stata d'accordo con lei. Chissà com'era la mamma di Emma: tenera, solare, allegra, oppure intensa, malinconica e rigorosa? Che moglie era stata per Dubois, che l'aveva inseguita come Boris la tigre aveva fatto con Svetlaya? Erano stati felici e innamorati durante il matrimonio? Erano stati fedeli sempre, nella gioia e nel dolore, nella salute e nella malattia, tutti i giorni della loro vita, finché la morte non li aveva separati?

E lei, Amelia? Poteva dire lo stesso di sé e di Matteo, suo marito da quasi dieci anni? Lei gli era stata fedele. Felice per lo più, non sempre. La felicità non è cosa da tutti i momenti. E lui? Probabilmente sì, si disse. Avrebbe messo la mano sul fuoco, quella con cui scattava le sue fotografie? Probabilmente no, e non perché avesse motivo di dubitare della fedeltà di Matteo, bensì della tenuta delle relazioni amorose.

Emma si era rintanata sul sedile, dal suo cellulare provenivano gli audio dei video che si sommavano alla musica dell'autoradio. Lo faceva anche Samuel quando andavano a sciare, anzi a snowboardare. Suo figlio si sedeva dietro e faceva un viaggio parallelo a quello dei genitori, pur nello stesso veicolo. In fondo, stare in famiglia è tutto un viaggiare separatamente insieme, un tenersi d'occhio mentre ognuno esce ed entra dal posto dei cuori e dei legami.

"Tutto bene?" chiese a un tratto Amelia a Dubois. Gli sfiorò appena il braccio teso sul volante.

L'uomo annuì, con il mezzo sorriso della sua cicatrice sul labbro, senza una parola e senza distogliere l'attenzione dalla strada, con i tornanti striminziti e le case che si allacciavano l'una all'altra. Amelia sospirò delusa, tirando fuori dalla borsa *Persuasione*. Da quando lo aveva cominciato, non riusciva più a smettere e approfittava di ogni momento libero per leggere qualche riga.

Scesero verso la città che brulicava di luminarie e negozi strabordanti di decorazioni natalizie, lungo Milsom Street e Gay Street, dove parcheggiarono davanti al Jane Austen Centre, sorto a pochi metri da una delle case dove la scrittrice aveva abitato, senza trovare la serenità. Non era stata felice a Bath, non smetteva di raccontarle Emma.

Una volta entrati, la ragazza cominciò a vagare entusiasta dentro le poche stanze su due piani che ne ripercorrevano l'epopea, fino allo studio fotografico, tra i bauli colmi di costumi e gli scaffali di cuffie, cappelli e fascinator a disposizione dei visitatori per una foto ricordo.

"Ti prego, papà, facciamone una insieme. Tu in uniforme e io in versione gran ballo!" disse Emma, gli occhi che luccicavano per la soddisfazione di essere arrivata sino a lì, al suo traguardo. "È troppo noi," si lasciò sfuggire, abbandonando il suo linguaggio impostato.

Amelia si offrì di ritrarli, la macchina fotografica salda tra le mani.

"E io posso fotografarvi tutti e tre," s'intromise un addetto del museo dalle basette color carota e le bretelle hipster sotto la redingote stile Regency. "Mark, per servirvi. Piacere di esservi d'aiuto," continuò, presentandosi con una schiettezza inaspettata.

Emma scelse velocemente un vestito di mussola giallo stile Impero che la slanciava, mettendone in risalto la silhouette sottile, e un cerchietto celeste sui capelli, decorato di piume e cristalli. Suo padre invece incuteva soggezione, nella giacca rossa dell'uniforme del reggimento.

Amelia si prese il tempo per scattare e soltanto dopo accettò di posare con i Dubois, infilandosi il primo cappello che scovò, davanti al cellulare che Emma stava allungando a Mark.

"Tu sei AusTeen, vero?" domandò intanto il ragazzo, cogliendola di sorpresa. La ragazza trasecolò, imporporandosi dietro gli occhiali. Guardò prima suo padre, poi Amelia, infine fece cenno di sì, piegando appena il capo e lasciando intravedere lo chignon.

"Lo sapevo! Sei pazzesca, il tuo profilo è pazzesco. Sono un tuo follower e ho visto il tuo reel a Winchester, mi sono chiesto quando e se saresti approdata anche qui, prima o poi. E infatti! Posso chiederti un selfie? E di taggare il museo? E me, naturalmente! Devo presentarti in direzione, vieni!" Mark la travolse di domande con un'energia contagiosa. Lei si lasciò contagiare e lo seguì al piano di sotto.

Amelia si voltò verso Dubois, che adesso aveva gli occhi acquosi, come se il ghiaccio di poco prima si fosse istantaneamente sciolto. Stanchezza, nostalgia, dolore? Forse tutte le emozioni insieme. Quell'itinerario inglese pensato da sua moglie prima di andarsene, in fondo, non era solo paesaggi, musei e *afternoon teas*. Incideva tappe nell'atlante del cuore. Sentì di volerlo confortare in qualche modo, di voler condividere con lui quella sua sensazione, ma la confidenza è un incantesimo e, se si rompe, scatena mostri difficili da domare. Poteva rischiare? No, si disse. Così si limitò a girare silenziosa per la stanza, senza ingombrare con la sua voce.

"Sono un po' stanco," riconobbe infine Dubois, avvicinandosi.

"È stato un lungo viaggio."

"Oh, no. Guidare mi è sempre piaciuto."

"Non mi riferivo alla guida," sussurrò Amelia, liberando la sua chioma rossa dal cappello.

Lui la fissò basito. Poi la sfiorò di nuovo in quel punto, tra l'orecchio e il collo, ma ritrasse fulmineo le dita. Evidentemente scottava, e non solo per lei.

30
Calidarium

Amelia si abbandonò a pancia in su alla corrente artificiale della piscina che girava in tondo, in senso antiorario. Aveva salutato i Dubois e si era rifugiata tutta sola nella Thermae Bath Spa, rifacimento contemporaneo delle più magiche e millenarie terme romane descritte dalla Austen che ancora resistevano a pochi metri da lì, sebbene soltanto come museo. Aveva bisogno di un momento tutto per sé.

L'acqua era tiepida ma dura, tanto da sostenerla, facendosi carico di tutto il peso del corpo. Socchiuse gli occhi e lasciò che l'onda lunga la trasportasse per un paio di giri, finché perse l'orientamento. Dov'era, su quale sponda sarebbe approdata? Oppure sarebbe andata a sbattere? In quel momento, non lo sapeva e non le importava. Voleva soltanto galleggiare in quel brodo azzurrino e amniotico che la conteneva, dissipando il mondo fuori di lì.

Allungò le braccia dietro la testa, per tracciare disegni liquidi sotto il soffitto trasparente. Distese i muscoli della schiena e delle spalle, contratti dall'uso delle stampelle, e si rilassò prima di inabissarsi nella vasca come una sirena, lasciandosi dietro la scia rossa dei capelli.

Cos'è che le ripeteva sempre papà Tiano quando si tuffavano al Circeo? La verità sta sott'acqua. Quando hai un dubbio o devi prendere una decisione, buttati e la risposta emergerà chiara. Erano anni che non ci pensava più, del resto non viveva vicino al mare, in piscina ci andava raramente, e soltanto d'estate. Espirò e l'aria si aggrumò in bollicine che risalirono in superficie con lei, con i pensieri.

Al ritorno da Bath, i Dubois sarebbero partiti. Le sarebbero mancati? Sì. Ma chi, Emma o George? A Whitethorn sarebbero arrivati suo marito e suo figlio. Le erano mancati? Sì, e chi di più, tra i due?

Insieme avrebbero festeggiato un Natale di cui lei aveva già visto il trailer. E poi avrebbero atteso l'anno nuovo, che non sarebbe stato diverso da quello precedente. Oppure...

Un fiotto d'ansia le inondò il petto. Tremò. Cos'era, panico? Ma no, non c'era motivo. Riprese a nuotare, spingendo con le braccia per non affaticare la caviglia. E di nuovo sentì lo stomaco contrarsi dall'ansia. Perché? Cosa le prendeva? Sbuffò e si guardò intorno, agganciandosi al corrimano della scaletta per uscire. Se avesse potuto tuffarsi, forse avrebbe intuito cosa la tormentava. Ma c'erano i cartelli che lo vietavano, e pure le telecamere. Quella era una Spa e lei non era più una ragazzina che imparava a nuotare. Però, però... era sola in quel momento, non avrebbe disturbato nessuno. Poteva lanciarsi rapida e compatta, senza fare splash. No, si disse. Non c'era niente da cercare lì sotto. E se? Si accucciò in ginocchio sul bordo, indecisa. Poi piegò il mento verso il petto e si lasciò cadere nella vasca con una capriola.

Doveva essere diverso! Lei il futuro lo desiderava diverso, comprese in quell'istante, mentre tratteneva il fiato sotto i litri di acqua e di cielo di Bath. Non voleva lasciare l'Inghilterra, non ancora. E non solo perché si era messa in testa di ritrarre l'ultimo erede di Jane Austen e scovare i luoghi londinesi della scrittrice, ma perché voleva ritrovare i suoi spazi, quelli che aveva lasciato vuoti di sé per troppo tempo.

Voleva, doveva tornare nel Nottinghamshire, rivedere oggi ciò che aveva scorto da ragazzina, nella casa della nonna con le poltrone gialle, nel pollaio e sotto i meli su cui si era arrampicata con Martin. Voleva incontrare l'Amelia che non era diventata in Inghilterra e amare quella che era adesso, in Italia. Voleva andare fino a Marsiglia da Isabel, per rivederla e imparare finalmente a conoscerla. Da donna a donna, da figlia a madre, da madre a madre. E poi c'era la campagna pavese che l'annoiava, le giornate che l'annebbiavano, quegli ultimi giorni che l'avevano sorpresa di potersi ancora sorprendere... e Dubois. Sì, il respiro di Dubois che le si era incollato alla pelle.

Quando tornò sulla terraferma degli spogliatoi, piantò svelta i piedi negli anfibi. Aveva deciso: c'erano un reportage da fare e un articolo da confezionare. Ma soprattutto c'era lei, quella che Amelia Maini Moss voleva essere, a prescindere dalle aspettative di tutti: Matteo, Samuel, sua suocera, Sofia. E Isabel, e Tiano. E Dubois.

Si coprì la testa umida con il cappuccio del parka e cominciò a seguire le briciole di Austenità disseminate tra le vie. Per fortuna la caviglia era migliorata e, sebbene con un po' di cautela, poteva vagabondare per la città finalmente libera dalle stampelle.

Non appena imboccò la direzione della cattedrale, dove era sepolto il reverendo George Austen, il padre della scrittrice, suonò il cellulare.

Era Tiano. "Tutto bene?" le domandò con quella sua voce morbida e quel suo sesto senso che la decifrava sempre.

"Sono contenta di sentirti, ti avrei chiamato tra poco," ammise Amelia, sedendosi su una panchina.

"Lo so," scherzò lui. "La caviglia?"

"Come nuova, o quasi."

"Ma sei stanca... Troppe foto, come al solito."

"Mi ero immaginata tutt'altro viaggio, in solitaria. E invece."

"Il canadese, vero? Sta ancora mettendo alla prova la tua pazienza?"

"A dire la verità..." le si incrinò la voce. "Non vedo l'ora che arrivi Sam, tutto qui," tagliò corto, alzandosi in piedi.

"E Matteo."

"Sì, sì. Ci risentiamo presto, non appena saranno con me. Saluta tutti lì, devo chiudere," mise giù di fretta, affannata. Di nuovo quell'ansia tra lo stomaco e il cuore.

S'incamminò tra i giardini delle townhouse georgiane e ripiombò nel centro storico, quasi sulla soglia di Sally Lunn's dal 1482, che Emma le aveva raccomandato. Non poteva andarsene da Bath senza fotografare e assaggiare i *buns*, i grandi panini al latte aperti e spalmati di burro e altre delizie di cui la Austen era golosa, come raccontava nelle sue lettere.

Avrebbe preferito che ci fosse Emma con lei, in coda per un posto nella locanda più antica di Bath, e forse di tutta l'Inghilterra, ma la ragazza sembrava essere stata inghiottita dalla città, o dalla redingote di Mark. Non rispondeva al cellulare, né aveva postato *stories* che fornissero indizi su dove si trovasse.

"Amelia."

"Lord Archibald! Che ci fai qui? Avevo capito che non saresti venuto," replicò incredula.

"Mi sono liberato dal mio impegno, così ho preso il treno e vi ho raggiunto. Emma è qui?"

"È in giro da qualche parte per il centro. Mi fai compagnia?"

Archie tentennò, era evidente che era venuto per Emma ed era impaziente di incontrarla, ma era troppo ben educato per rifiutare, così condivisero il *bun* al burro e cannella a un tavolino sotto le finestre.

"Hai capito Jane Austen? Pure buongustaia."

"Si narra che non dicesse mai di no a un buon cocktail e amasse ballare e fare l'alba..."

"Una *party girl*?"

"Ah sì, possiamo definirla così... Era una ragazza divertente, un'ottima compagnia. E una giocatrice di cricket ben più brava dei suoi fratelli. Scalmanata, secondo le cronache."

"Comincia a starmi simpatica."

"Lo era. La descrivono ironica, brillante. Anche impertinente."

"Per quello non si è mai sposata, perché era troppo sveglia e ribelle," scherzò Amelia.

"Dicono che avrebbe detto sì al medico incontrato a Lyme, se lui non fosse morto. E se la notizia è vera," le spiegò Archie, che finì la sua metà del *bun* in un boccone, mentre la cameriera metteva in tavola quello che Amelia aveva espressamente ordinato per le fotografie.

"Archie, tieni il piatto così e girati verso la finestra," lo interruppe Amelia. "Perfetto. Il mento leggermente inclinato... grazie. Inquadro solo il profilo, niente di più. È questione di un attimo."

"Emma!" si agitò lui, rovesciando la sedia e posando rumorosamente il piatto.

"Dove?"

"Qui sotto! Sta... chiacchierando con un ragazzo," disse senza nascondere il proprio disappunto.

"Se ha i capelli rossi è Mark, la guida del Jane Austen Centre," replicò Amelia, ma Archie non l'ascoltò: si era già alzato e si stava avviando verso le scale.

Lei rimase sola a scrutare dai vetri la piccola folla che si allungava nella via, una macchia multicolor sui ciottoli che la lastricavano. Ed ecco Emma, con le sue ciocche nocciola che sfuggivano allo chignon, accanto a Mark dalle basette rosse; e ora c'era il ciuffo scuro di Archie tra i due, che rimbalzava dall'una all'altro. Li osservò finché i tre non scomparvero dalla sua vista, e diede un ultimo morso al suo *bun*. Poi sgattaiolò via verso l'albergo.

"Suo marito è in veranda," la informò la receptionist, quando rientrò.

Amelia le restituì una smorfia stranita. Suo marito? Si trovava a Broni, Pavia, Italia. L'uomo in hotel semmai era il suo coinquilino "nel frattempo", presto si sarebbero salutati e non si sarebbero più rivisti.

Dubois le voltava le spalle. Stava a un tavolino accanto alla vetrata affacciata sulle rose annichilite dal freddo di dicembre. C'era una teiera accanto a lui, intento a scrivere. Forse appunti per la sua conferenza?

Lo osservò a distanza per un istante, assorto nell'ennesimo dolcevita. Era così risoluto nei gesti che lei si trattenne dall'avvicinarsi, indecisa se interromperlo o meno. Fu lui a girarsi a un tratto, come se avesse avvertito la sua presenza.

"Come è andata la Spa?" domandò, il palmo della mano a coprire il foglio, prima di ripiegarlo in fretta.

"Benissimo," rispose lei, prendendo a quel punto posto accanto a lui. "Ho fatto un lungo bagno e poi un altrettanto lungo giro in città. Ah, e ho intravisto Emma. Era con quel Mark del museo e con Archie, che è arrivato in treno."

"Sì, è passato di qui. Mi ha chiesto il permesso di unirsi a noi."

"Ha chiesto anche la mano di Emma?" scherzò Amelia.

"Non ancora."

"Potreste vivere tutti insieme, felici e contenti, a Whitethorn. Con Mr Harris senior e i suoi maglioni a trecce."

"Ho un'altra idea della felicità," abbozzò Dubois sardonico. Indicò la teiera, invitandola a servirsi.

"C'è della felicità, qui dentro?" chiese lei, un po' ammiccante.

"Assaggi pure. Per ognuno ha un gusto diverso."

"Che gusto ha per lei?"

Dubois indicò le rose, il giardino, la veranda, lei. "Questo. Più Emma."

Amelia annuì appena, versandosi quello che restava del tè. Oltre il vetro, due passerotti si contendevano le poche briciole sparse sul davanzale, in una buffa contrattazione.

Disse infine: "Questo. Più Sam".

31
A ritroso

Il viaggio di ritorno fu rapido, nonostante la sosta per il tè a Bradford on Avon e a Salisbury per la cattedrale, e per lo più tranquillo, fatto salvo per le chiamate di Samuel, impegnato a preparare la valigia per l'Inghilterra.

"Serve il tuo aiuto, mummia. Quanti jeans devo portare? E il piumino? Piove o nevica? E a Londra? Internet c'è?"

Amelia fu travolta da una valanga di domande alle quali cercò in un primo momento di rispondere, infine si accordò per una videocall da Whitethorn per dargli istruzioni più precise, non appena fosse rientrata. Intanto, scribacchiava sul taccuino, la grafia resa quasi illeggibile dagli scossoni della macchina: DAY SEVEN, era arrivata all'ultima pagina.

Dietro di lei, Emma stava stravaccata accanto a Archie, le spalle che si toccavano appena. La ragazza era rientrata tardi in hotel, lei lo sapeva perché l'aveva intravista dalla finestra della sua stanza attraversare il giardino, sotto la luce della luna che argentava il cielo, gli alberi e la cancellata prima di rifrangersi nei vetri. Era sola, però. Con chi aveva trascorso la serata? Chi l'aveva accompagnata e forse baciata: Archie o Mark? Era curiosa.

"Papà, potresti alzare il volume?" domandò a un tratto,

riferendosi all'autoradio che ronzava in sottofondo parole e musica, informazioni e pubblicità.

Lo speaker stava dicendo qualcosa a proposito del 21 dicembre, il giorno in cui in Inghilterra si registra il maggior numero di proposte e dichiarazioni d'amore. E poi lanciò una canzone romantica, di quelle che già dalle prime note aprono la porta alla nostalgia.

Amelia sussultò, ricordava di aver sentito la stessa notizia... una settimana prima! Erano già trascorsi sette giorni da quando si trovava nello Hampshire? Allora, infastidita, desiderava solo che i due canadesi, padre e figlia, sparissero così com'erano venuti. Voleva Whitethorn tutta per sé. E invece eccoli ora tutti e tre, come una squadra. Anzi, una famiglia estemporanea, formatasi sulla necessità e poi sul piacere di condividere quella necessità.

"Questa notizia l'ho sentita alla radio quando sono arrivata. Credo fosse quando ci siamo incontrati alla cabina, Archie," raccontò. "Una settimana fa eravamo quattro sconosciuti e adesso siamo qui, nella stessa macchina, dopo una gita insieme a Bath!"

"I Whitethorn: potremmo scriverci una serie o creare un nuovo canale social," scherzò Emma.

"*Sette anni non basterebbero a far sì che due persone si conoscano e, per altri, sette giorni sono più che sufficienti*," citò Archie, pronto.

"*Ragione e sentimento*," precisò Emma di rimando.

"Che io non ho ancora letto," ammise Amelia.

"Ma lo leggerai, vero?" la incalzò la ragazza. "Ora che partiamo, devi farmi una promessa."

"Non credo nelle promesse, si fanno per essere dimenticate."

"Promettimi che leggerai tutti i romanzi della Austen."

"Per il mio reportage, quello che so basta e avanza."

"Ma per te, per la tua vita da qui in poi?"

"Sono arrivata a quarantasette anni senza conoscere Jane Austen... posso sopravvivere oltre, no?"

"No! Non più. Non puoi tornare indietro, non dopo Bath e Winchester e Chawton House e Steventon e... me, noi!" urlò Emma euforica.

"E i giri di Boulanger!" s'intromise Archie.

"E il Kissing Bough."

"E i *buns* al burro."

"Smettetela, voi due," Amelia finse di rimproverarli, ma non poté fare a meno di rallegrarsi. Ne erano accadute, di cose, in quei sette giorni imprevedibili, che sarebbero state per sempre nella memoria condivisa con i Dubois e Archie. Cose felici e inaspettate.

"*Perché non cogliere immediatamente il piacere? Quante volte la felicità viene distrutta dai preparativi, insensati preparativi!*" mormorò inaspettatamente timida. "*Emma.*"

"La tua prima citazione austeniana!" la Emma in carne e ossa batté le mani. "Non puoi più farne a meno nemmeno tu, Amy."

Amy. Nessuno prima d'ora aveva mai chiamato Amelia Maini Moss con il diminutivo che portava sua nonna. Le sembrò di risentire il profumo del grembiule a fiori con cui *Granny* cucinava. Fuori il Somerset sbiadiva nello Hampshire, si accucciava sotto la linea dell'orizzonte gravido di figlie del cielo: "Io passo per i pori dell'oceano e delle rive, io cambio, ma non posso morire, [...] io sorgo e distruggo ancora l'azzurro, *I change, but I cannot die*". Amy. Figlia, madre, nonna. Nuvola. Ne contò cinquantasette, sulla strada del ritorno: cinquantasette cumuli biancastri, ognuno di forma diversa. Come le persone, le anime, le vite. E lei, quale forma avrebbe preso d'ora in avanti? Continuò a chiederselo fino al cottage.

"La camicia no, mummia. Non la porto." Samuel si agitò impaziente dalla sua camera di Broni, dietro lo schermo del telefono che Amelia teneva in mano a Whitethorn.

"Ma a Capodanno?"

"La felpa."

"Fai come vuoi."

"Pop chiede se ti serve qualcosa da casa, tipo il Grana Padano," disse riferendosi a suo padre.

"No, c'è il cheddar."

"La pasta con il cheddar? Bleah, che schifo. Io non la mangio. C'è McDonald's lì? E la macchina ha le gomme da neve?"

"Sam, basta. Mi passi papà?"

Amelia osservò suo figlio. Nelle pieghe di quella faccia, c'erano lei e Matteo. Da lei aveva ereditato il colore di occhi e pelle, il taglio sottile del naso e quelle labbra vermiglie girate all'insù; da suo padre lo sguardo aperto, quasi tondo, la mascella larga e i capelli bruni. E la smania di prepararsi in anticipo a tutto.

"*Hello you*," la salutò Matteo.

"*Hello* tu." Era da quattordici anni, per l'esattezza quattordici anni e sette mesi che si salutavano così, da quel loro primo risveglio nello stesso letto. Appiccicati.

"Qui siamo pronti," dichiarò lui, mostrandole i trolley già chiusi.

"Anche qui. Ci vediamo a Gatwick."

"Terminal 2, segnatelo."

"Lo so, lo so. Tutto sotto controllo."

"I canadesi? Quando se ne vanno?"

"Domani all'alba. L'agenzia sistemerà la casa per noi, mentre saremo a Stonehenge."

"Perfetto."

"Lo sarà quando sarete qui."

"Poche ore e ci siamo. La caviglia è a posto?"

"Sì, mandami un messaggio quando state per decollare, così mi metto in macchina."

"Sarà fatto."

"Ah, Matte, una cosa: conosci la storia di Boris e Svetlaya? Le tigri della Siberia?"

"Cos'è, un film?"

"No, è una storia vera. È romantica."

"Se è romantica, non è il mio genere."

"Guarda che qui ci tengono, al romanticismo."

"E quindi? Non dirmi che ti sei fatta fregare dai romanzi della Austen."

"Io?" Amelia si schermì. "È che mi sono incuriosita..."

"Ti sei fatta fregare, allora."

"Voglio sapere se tu mi hai scelta."

"In che senso?"

"Mummia? Mi mandi la posizione del cottage?" Samuel s'infilò nella conversazione, interrompendola.

L'avrebbero ripresa l'indomani, dal vivo.

Amelia collegò la macchina fotografica al computer per scaricare le ultime foto. Nonostante l'inconveniente della caviglia, aveva fatto gli scatti necessari alla riuscita del reportage, o almeno così si augurava. I ritratti di Emma e di Archie, così come la sequenza dei ragazzi che ballavano la Boulanger, erano strepitosi. Mettevano voglia di rileggere subito Jane Austen. E Bath avrebbe fatto il resto.

Cominciò a buttare giù la scaletta dell'articolo che avrebbe affiancato le foto. Non aveva ancora un titolo ma si conosceva, le sarebbe presto spuntato tra i pensieri, non appena li avesse rimessi in ordine.

AMM era tornata, e per restare.

"Posso?" Emma socchiuse la porta dopo un colpo sommesso.

"Certo, vieni." Amelia le fece posto sul letto, accanto a sé.

"Vorrei fare un selfie con te. E mostrarti questo reel di noi due che ho finito di montare."

Si strinsero intorno al telefono e i loro capelli si mischiarono. Sul display passarono gli highlight di quei giorni insieme, con insospettabili scatti della danza di Amelia che fotografava tutto, cacciatrice di immagini nel complesso mondo di Jane. Era un vero e proprio filmato, con colonna sonora, sottotitoli e titoli di coda.

E finalmente Amelia pianse lacrime di gioia, dolore, ansia, soddisfazione, delusione, amarezza, dolcezza, riconoscenza, fastidio, eccitazione. E la paura di quello che l'aveva aspettata, l'aspettava ancora e l'avrebbe aspettata sempre: le conseguenze dell'amore.

Si lasciò abbracciare da quella ragazzina più grande di lei.

"Ti voglio bene," le disse Emma. "E sei fortunata, perché '*non esiste che io ami qualcuno a metà, non è nella mia natura. Quando voglio bene non conosco le mezze misure*', *L'Abbazia di Northanger*. Quindi ti voglio un bene fuori misura, Amy."

"Anch'io, lo giuro sulla Austen," rispose Amelia, commossa e insieme divertita. "Cosa farai di questo nostro reel? Lo posterai?"

"Lo riguarderò quando avrò nostalgia di noi e di questi giorni a Whitethorn."

"Di noi due o di Archie?"

Un lampo di malizia attraversò lo sguardo di Emma. "Non so ancora se è un capriccio o un sentimento," confessò la ragazza, la mano sul cuore.

"Forse è solo un frattempo."

"Un frattempo che ho invitato a Parigi per l'ultimo dell'anno. Bacia benissimo," Emma avvampò.

"Di baci abbiamo sempre bisogno. Prendine quanti ne vuoi, un bacio mancato è perduto per sempre. E siccome mi sto commuovendo di nuovo..." Amelia ricacciò l'emozione dietro le palpebre, "ti va di assistermi con la prima selezione delle mie foto?"

Cominciarono a lavorare sulle immagini, spaparanzate contro i cuscini e lo schienale del letto.

"Questo ritratto di Archie è stra-or-di-na-rio," commentò Emma davanti allo scatto con il *bun* nel piatto.

"E questo tuo? Anzi, questi tuoi? Guardati, sembri una fata della neve. Ed eccoti in costume accanto a tuo padre, al Jane Austen Centre di Bath..."

Emma si irrigidì, emozionata. "Mamma sarebbe fiera di me e papà," mormorò dopo un momento, con un tremito nella voce.

"Ne sono sicura."

"E Jane Austen sarebbe estremamente soddisfatta del tuo lavoro."

"A me basta che lo sia la direttrice del giornale."

"Oh sì, questa le piacerà tantissimo," dichiarò Emma con slancio, gli occhi sulla foto che la ritraeva di spalle, in testa il cappello verde di Parigi e in mano il cellulare, mentre sorseggiava il tè nella sala delle tazze volanti, a Winchester. Oltre la vetrina, suo padre avanzava solitario e sfocato sullo sfondo, nel suo cappotto a falde larghe. "Non sembra Mr Darcy?" provocò. "Secondo me, papà merita la copertina."

Amelia allargò l'immagine a tutto schermo. La ragazza aveva ragione: Dubois che camminava solitario, con il paesaggio che gli si inchinava intorno, aveva il fascino appassionato di Mr Darcy o di Frederick Wentworth o di un altro dei personaggi maschili dei romanzi della Austen. Di uomini che non hanno paura dell'amore.

32
Next

Stava innaffiando le rose assetate di Bath. Ci versava sopra del vino, o era sangue, e quelle a poco a poco alzavano la testa che si faceva più grande e più vivida a ogni goccia. Sfortunatamente era sola nel giardino offuscato dalla bruma e non c'era nessuno a cui mostrare il prodigio, nemmeno la nonna. Staccò un paio di petali e li leccò, la lingua lucida e rossa come la punta delle sue dita.

Si svegliò incredula, trangugiò l'acqua dal bicchiere sul comodino e scostò appena le tende: c'era la luna che sbocconcellava il buio. Che ora era? Le tre e mezzo. All'alba i Dubois avrebbero lasciato Whitethorn. Si erano salutati la sera prima, lei odiava gli addii e anche loro, a quanto pareva.

Si era stretta forte a Emma, le braccia intorno a quella ragazza che avrebbe potuto essere sua figlia e invece l'aveva aiutata come una madre. A Dubois aveva allungato la mano, ma lui gliele aveva afferrate entrambe, tenendole tra le sue, un gesto insolito, che lei non aveva saputo interpretare – ringraziamento, tenerezza, intimità? – ma che l'aveva confortata, quasi protetta. Chi ti abbandona non ti dà la mano. Te la lascia vuota, a mendicare. Lui le aveva riempite e accarezzate tutte e due in un'unica stretta.

"Buon Natale," era stato tutto quello che le aveva augurato. "E non sia troppo insolente," aveva aggiunto, con una smorfia ironica delle labbra.

Amelia si umettò le sue. Erano disidratate e il bicchiere era vuoto. Provò a leggere qualche riga di *Persuasione*, ma no, era troppo stanca per farlo, e non abbastanza per riprendere a dormire. Allora s'avventurò fuori dalla stanza, scarmigliata e in pigiama, immaginando vuoto e silenzio al piano di sotto. Invece c'erano la tv e l'albero di Natale accesi. E Dubois sul divano.

"Non riesce a dormire?" gli disse, avvicinandosi.

"Nemmeno lei, a quanto pare."

"Già, ho fatto uno strano sogno. E poi ho sete. Lei?"

"Rimugino."

"Sul passato o sul futuro?"

"Sul presente, ce n'è così tanto."

"Che film è?"

"Una vecchia commedia romantica, giusta per ingannare i pensieri."

"Ma questa non è Julie London che canta *Warm December*?" La nonna aveva un disco che la puntina aveva ormai consumato. Girava sempre, a Natale.

"Non ne sono sicuro, ma se lo dice lei."

"Si fidi di Miss Insolenza! Su, si alzi. Balliamo," gli disse d'impulso. "Non si può dire di no a Julie London."

"E a lei?"

"Nemmeno," lo incalzò Amelia, canticchiando *I'll keep you warm in December*.

"Mi aveva detto di non essere romantica."

"Non lo sono, ma è pur sempre Natale nello Hampshire."

Fecero qualche passo a due nel salotto, girando intorno ai divani.

"Posso farle una domanda?" continuò Amelia.
"Solo se posso non rispondere."
"Mi chiedo cosa sarebbe successo se Boris non avesse ritrovato la sua Svetlaya, se l'avesse perduta per sempre nella taiga."
Dubois rallentò il passo e strinse la presa sui fianchi di lei.
"Credo che l'avrebbe ricordata ogni giorno."
"Ma poi? Avrebbe amato un'altra tigre o avrebbe continuato a vagare da solo, nutrito dalla speranza, fino a morire?"
"Forse si può scegliere due volte."
"Anche amare?"
"Non lo so. Spero di sì."
Amelia avvicinò appena la testa alla spalla di Dubois, in cerca del refolo caldo di lui tra l'orecchio e il collo, ma trovò un bacio, proprio in quel punto. Sopra di loro, ondeggiò il vischio.
"George," mormorò allontanandosi, i battiti del cuore che impazzivano nella gola.
Lui la trattenne per il polso, prima che lei si infilasse su per i gradini.
"Niente più brutti sogni, Amelia. Promettimelo."
"Ma io... Non so... Non posso..."
"Non te li meriti," le sussurrò.
Lei annuì e si lasciò avvolgere in un abbraccio, la fronte sul maglione di lui.
"Ci rivedremo dove, nella taiga?" lo provocò, gli occhi che pungevano quanto le parole.
George la sollevò e la portò in braccio su per le scale.
"Shhh, ora tu vai a dormire e fai un sogno bello," bisbigliò depositandola sul pianerottolo, davanti alla porta della stanza.
"E tu?"
"Io aspetterò che me lo racconti," rispose, sigillandole le labbra con un dito.

Quando suonò la sveglia, erano quasi le sette e la pioggia ticchettava sul tetto. I Dubois erano partiti mentre lei era ancora immersa nel sonno.

Controllò il telefono, c'era un vocale dal numero di Matteo.

"Mummiaaaa svegliaaaaaaaati, stiamo arrivando!" La voce di Samuel, e subito dopo quella del marito: "Ame, noi stiamo andando in aeroporto. Qui nebbione, tanto per cambiare. Ti scrivo quando ci imbarchiamo".

Si portò le mani al viso. Cosa aveva fatto? Cosa doveva fare? Shhh, no. Non ora.

Si alzò e si preparò per mettersi in viaggio verso Gatwick. Prima la colazione, e poi subito in macchina.

In cucina accese il bollitore e aprì il frigorifero per prendere il latte. Aveva bisogno di una tazza enorme di *comfort tea*. Strizzò gli occhi per scacciare la sonnolenza, lo stomaco ancora annodato dalle emozioni della notte. Ma cosa c'era, lì in fondo? E la bottiglia?

C'era una scatola dorata sul ripiano illuminato, accanto allo champagne. Una Victoria Sponge, identica a quella che aveva trovato al suo arrivo. E c'era una lettera.

Amelia sollevò la linguetta della busta con il logo dell'hotel di Bath e spiegò il foglio scritto a mano.

"*Ho lottato invano. È inutile. I miei sentimenti non possono essere repressi*," lesse le parole di Mr Darcy in *Orgoglio e pregiudizio*.

Trasalì, ma continuò.

"Perdona la citazione letteraria, ma Jane Austen sa sempre trovare le parole giuste, quelle che io non trovo in questo momento per esprimere il mio turbamento degli ultimi giorni. Scrivo turbamento con la consapevolezza che sia un termine desueto e che includa più di uno stato emotivo: confusione, scompiglio, agitazione, ansia, paura, smarrimento, sconvolgimento, alterazione, commozione, trepidazione. Ebbene, li sento tutti. Mi hai turbato e sono terrorizzato, ma anche sollevato di poter ancora essere vivo dentro, e di riconoscerlo. Mi basta, farò in modo che mi basti. Ma se, per qualunque irragionevole ragione del cuore, questo stesso turbamento ha trovato anche in te radici e ali, e vorrai sommarlo al mio, ecco allora, e solo allora, nutri di speranza la mia agonia.

Sarò a Londra a gennaio, accludo l'invito alla mia conferenza.

Se non verrai, non mi devi né dovrai mai spiegazioni.

GDD

P.S. La torta è tua, Premiata Ditta Dubois. Sii egocentrica."

Stava scrivendo a lei, quel giorno in albergo! Amelia si sentì tremare e dovette sedersi e riprendere fiato.

Come si era permesso di sconvolgerla così? E proprio prima che arrivasse suo marito? Cosa pensava, che lei si sarebbe prostrata a lui, come se il suo cuore non avesse già trovato casa e pace? Lei non voleva e non poteva rischiare di insinuare dubbi nei suoi sentimenti e nella sua unione! Forse Matteo non era Boris e non l'aveva scelta, ma anche lei non era sicura di essere Svetlaya. Dopo la delusione di Sergio, non si era mai più fidata dell'amore, e aveva fatto bene. Nessuna tentazione, nessuna inquietudine.

La rabbia l'aggredì in una morsa che cresceva di intensità a ogni respiro. No, Dubois non avrebbe dovuto rivelarle i suoi sentimenti così, in differita, e lasciarla sola a Whitethorn ad affrontarli.

Sferrò un pugno sul piano dell'isola, dove tante volte avevano fatto colazione discutendo e battibeccando. Non voleva quell'ardore, non voleva saperne del suo – come l'aveva chiamato? – turbamento! Se ne curasse lui, senza coinvolgerla. Lei stava bene così. Lei era Amelia Maini Moss. Anzi, Amelia Vercesi. E le bastava.

I colpi alla porta d'ingresso frenarono il flusso rabbioso dei suoi ragionamenti. Per un attimo, temette che fossero i Dubois e che qualcosa li avesse riportati lì al cottage, o forse lo sperò. Speranza e timore sono spesso due facce della stessa ansia.

Invece sulla soglia c'era Archie, che le sorrise ma subito si preoccupò nel vederla così agitata.

"Che succede?"

"Oh, sono solo in ritardo con la giornata, temo. Devo andare a prendere i miei all'aeroporto. E i biglietti per Stonehenge? Dove li ho messi?" lo travolse irritata, tornando verso la cucina. "E tu, come mai sei qui?"

"Per il check-out e le pulizie. Volevo sincerarmi che le ragazze facessero tutto per bene, secondo le mie indicazioni. Sono pronte qui fuori."

"Dammi dieci minuti, *please*."

Il suo cellulare pullulava di messaggi; c'era quello di Matteo che l'avvisava del volo pronto al decollo; c'era quello di Samuel con la foto dell'ennesimo berretto da basket comprato al duty free; c'era, infine, quello di Emma.

Amelia zittì il cellulare e infilò la lettera in tasca. Non era il momento di distrarsi. Aveva fretta. Rinunciò al tè e ingollò invece una tazza di caffè. Voleva andarsene da Whitethorn, mettere distanza tra sé e quello che era accaduto e che stava accadendo. Si preparò frenetica e, poco dopo, salutò Archie nervosamente e si buttò nella Mini color tundra. Partì con una sgommata e sobbalzò sui tre dossi, lungo la strada. Dopo qualche centinaio di metri, all'incrocio della cabina telefonica dedicata a Jane Austen, accostò e collegò il telefono all'auto per inserire il navigatore e, soprattutto, prendere fiato.

Il messaggio non letto di Emma lampeggiò sul display. Si decise ad aprirlo.

"*Non sono il tempo o l'occasione a creare l'intimità, ma solo la disposizione. Rag + sent*," diceva. E allegava la foto che

Mark aveva scattato di loro tre – Emma, Amelia e George – in abiti Regency a Bath.

Sense and Sensibility, ragione e sentimento, già: di ragioni, nella sua vita e nel suo matrimonio, ne aveva accumulate eccome, e poteva elencarle tutte, ma i sentimenti? All'improvviso non era più sicura di quanti fossero, e quali. Era scombussolata, spaventata. Era, doveva ammetterlo con quella stessa parola che aveva adoperato George, turbata.

"*Ma se, per qualunque irragionevole ragione del cuore, questo stesso turbamento ha trovato anche in te radici e ali, e vorrai sommarlo al mio, ecco allora, e solo allora, nutri di speranza la mia agonia...*"

La pioggia, intanto, aveva acquisito una consistenza densa e lattiginosa che appannava il parabrezza. Amelia azionò la lama del tergicristallo, che tagliò il paesaggio sfatto e confuso dalle gocce.

Non sarebbe stato un viaggio facile, il suo. Eppure a lei, adesso, era tutto chiaro.

Apre la bocca con saggezza
e ha sulla lingua insegnamenti di bontà.

Proverbi, 31:26

Epitaffio sulla tomba di Jane Austen,
cattedrale di Winchester

Ringraziamenti

Proprio come Amelia, pur avendola letta da ragazzina, non ho mai particolarmente amato Jane Austen, rea, a mio parere, di aver contribuito a immortalare un'idea di femminilità in cui ho sempre faticato a riconoscermi.

Ma quando Ricciarda Barbieri, la mia editor di Feltrinelli, mi ha provocato, stuzzicandomi a riprendere in mano i romanzi dell'autrice che, a duecentocinquanta anni dalla nascita, non smette di affascinare milioni di lettori in tutto il mondo, Gen Z compresa, mi sono scoperta ad avere parecchio *Orgoglio*, ma soprattutto tanto *Pregiudizio*.

Mi sono ri-buttata sulla lettura... e bam, è scattata un'inaspettata affinità con la scrittrice inglese. Una volta approdata poi nei luoghi austeniani – sì, il reportage l'ho fatto davvero! –, mi sono ritrovata a "sentirla" e "vederla", e soprattutto a rileggere me e il mondo attraverso le sue parole e le sue prospettive.

Quindi mille grazie a Ricciarda, per avermi costretta a uscire dalla mia comfort zone, e mille grazie a Maria Paola Romeo, la mia agente, per avermi aiutato a tenere la penna dritta fino all'ultimo capitolo di *Effetto Jane Austen*.

Grazie anche a tutto il team di Feltrinelli, alla mia community di lettrici e lettori, e a Starhotels: la libreria del mitico albergo The Gore a Londra è stata la location perfetta dove ispirarmi.

Sono affettuosi (e doverosi) i ringraziamenti ai miei primi supporter – la mia famiglia e i miei amici – ai quali devo milioni di scuse per tutte le volte che ho opposto "non posso, sto scrivendo" ai loro inviti e alle loro richieste.

Una menzione speciale merita Penz, che mi ha guidato fino a Austenland e mi ha riportato a casa salva ed esausta, dopo essermi persa tra i prati e i pascoli dello Hampshire, inseguendo il fantasma di Miss Jane.

Infine, un pensiero colmo di gratitudine a Maria e Pierina, le mie nonne. Non potevano essere più diverse e inconciliabili, ma entrambe mi hanno accolto e insegnato – ognuna a suo modo – di cosa fossi fatta, fin da bambina. E stanno continuando a farlo, là dietro le nuvole.

Citazioni

p. 32, *Emma*, trad. it. di Bruno Amato, Universale Economica Feltrinelli, Milano 2017, p. 13.

p. 37, ivi, p. 16.

p. 74, ivi, p. 19.

p. 79, ivi, p. 89.

p. 96, *Orgoglio e pregiudizio*, trad. it. di Melania La Russa, Universale Economica Feltrinelli, Milano 2011, p. 224 (prima edizione Lorenzo Barbera Editore Srl, Siena 2006).

p. 102, ivi, p. 177.

p. 108, *Persuasione*, trad. it. di Maria Baiocchi e Anna Tagliavini, Universale Economica Feltrinelli, Milano 2015, p. 243.

p. 131, *L'Abbazia di Northanger*, trad. it. di Stella Sacchini, Universale Economica Feltrinelli, Milano (in via di pubblicazione), p. 171.

p. 140, *Ragione e sentimento*, trad. it. di Franca Severini, Universale Economica Feltrinelli, Milano 2012, p. 328 (prima edizione Lorenzo Barbera Editore Srl, Siena 2007).

p. 155, ivi, p. 97.

p. 156, *Emma*, cit., p. 257.

p. 159, *L'Abbazia di Northanger*, cit., p. 40.

p. 164, *Orgoglio e pregiudizio*, cit., p. 224.

pp. 166-167, *Ragione e sentimento*, cit., p. 97.

Indice